网络环境下大学生心理健康教育研究

刘 聪 著

辽宁人民出版社

© 刘聪　2024

图书在版编目（CIP）数据

网络环境下大学生心理健康教育研究 / 刘聪著.
沈阳：辽宁人民出版社，2024.12. -- ISBN 978-7-205-
11292-9

Ⅰ. G444

中国国家版本馆CIP数据核字第2024DJ5926号

出版发行：辽宁人民出版社
　　　　　地址：沈阳市和平区十一纬路 25 号　邮编：110003
　　　　　电话：024-23284191（发行部）　024-23284304（办公室）
　　　　　http://www.lnpph.com.cn
印　　刷：天津光之彩印刷有限公司
幅面尺寸：170mm×240mm
印　　张：12.5
字　　数：200 千字
出版时间：2024 年 12 月第 1 版
印刷时间：2024 年 12 月第 1 次印刷
责任编辑：孙姹娇
装帧设计：紫橙文化
责任校对：吴艳杰
书　　号：ISBN 978-7-205-11292-9
定　　价：58.00 元

前　言

  高校作为我国教育体系中的重要组成部分，承担着向社会输送人才的重要使命，高校教育不仅要使大学生具备较好的专业能力，还需培养大学生拥有强大的心理素质。因此，在网络时代背景下，高校心理健康教育工作应明确网络环境对大学生心理健康的影响，深入分析网络环境下心理健康教育问题。

  在互联网环境下的高校教育教学工作中，高校不仅要注重大学生专业知识与技能教育，还需强化心理健康教育，在明确心理健康教育目标的基础上，要丰富完善心理健康教育内容与形式，优化大学生心理健康教师队伍，推动大学生心理健康教育实效性提升。基于这些问题，本书将对当前大学生的心理健康状况和高校心理健康教育面临的挑战进行分析，进一步探究心理健康教育的理论和实践方法，从而构建高校心理健康教育新机制，为广大心理健康工作者提供一定的应对策略。本书共包含八章，具体章节安排如下。

  第一章概述了大学生心理健康教育的内涵与现状；第二章全面分析了大学生网络心理问题，对大学生与网络的关系以及网络心理进行了分析；第三章概述了大学生自我意识与健康人格；第四章概述了大学生心理压力与情绪管理；第五章研究了大学生人际交往能力培养，分析了网络环境下大学生人际关系、人际交往现状以及人际交往能力提升；第六章研究了大学生心理危机的防范、大学生心理危机的分析、心理危机的影响以及心理危机的干预；第七章研究了大学生心理咨询辅导，对大学生心理咨询的作用、心理咨询辅导的方法展开分析；第八章研究了网络环境下心理健康教育创新，对大学生网络道德素质教育、网络心理素质教育以及网络心理健康教育创新等内容展开研究。

  本书旨在结合快速变化的网络新环境，深入研究大学生在网络中面临的心理问题，并从理论和方法等方面探索相应的对策，希望能够帮助高校师生做好网络环境下的心理健康教育工作。在本书的撰写过程中，作者借鉴、引用了专家学者们的研究资料，在此一并表示感谢！

目　　录

第一章 大学生心理健康概述

第一节 心理健康教育的内涵

一、心理健康的基础概念

高校教育是让大学生能够形成创造力、适应力，为社会培养高贡量的人才。大学生的身心全面发展，还体现在健康的身体素质与心理素质上。大学生心理健康问题日益成为全社会关注的重要问题，高校则需要加强大学生的心理健康教育，重视对大学生心理健康状况的研究。

心理健康，在概念方面，具有很多的含义，而且人们对于心理健康的预期也各不相同。按照现代心理学的观点，心理健康不仅仅包括一个人没有心理上和精神状态上的疾病，而且其心理素养也应该是积极、健康、向上的。

按照世卫组织对于健康的概念界定，人们的心理状态总体应该包含以下四种状态。

一是完全心理健康人群。这类人群是指人们没有心理疾病，在心态上也具有更高的幸福度和满足感。

二是部分心理健康人群。这类人群通常也没有心理上的疾病，但会有较多的心理压力和较低的幸福度。在现代社会中，许多人都处于这种心理状态，不能被认为是完全心理健康者。这类人群也需要通过各种方式来释放心理玉力，提高个人的幸福度。如果状态持续得不到改善，则很容易发展成为心理疾病患者。

三是部分心理病态人群，这类人群通常患有一定的心理疾病，但其主观幸福感较高。他们有条件来改变暂时的心理问题，从而转变为较为健康的人群。

四是完全心理病态患者，这类人群会患上临床意义上的心理疾病，如抑郁症等，仅仅依靠个人的主观能力，难以改变个人的病患状态，从而会影响个人的生活。

二、心理健康的不同层次

无论是群体还是个人，其心理健康状态都是动态发展的，并且本现出层次性。

心理健康在一定的空间和时间范畴内，体现为动态平衡状态。其原因主要在于，个体和群体都会与外部环境产生相互作用，外部环境的变化会导致人们在精神压力、情绪状态等方面出现积极、消极等状态的波动。但心理健康情况较好者，会处于整体的平衡；而如果个人内部、外部的平衡遭到破坏，就极有可能造成个体的心理疾病或心理亚健康问题。

因此，高校所主张的大学生心理健康教育，是让大学生群体在学习或走入社会的环境后，能够产生较高的心理适应力，能够具有积极的情感态度，能够产生抗压能力，并激发自己的生活潜能。当心理问题和心理疾病出现时，通常是指个体在心理上、心态上出现了难以适应的思想，行为上出现了异常问题，其中包括长期抑郁、消沉、焦虑，甚至成为某种人格上、行为上的病态等。如果在较长的一段时间内，个体无法保持心理状态的动态平衡，就可以被视作出现了心理问题。

大学生心理问题是较为复杂的，在很多情况下不能被诊断为心理疾病，但能够在很大程度上影响大学生的性格、观念和行动。心理问题产生的原因也来自很多方面，其中包括个人内在因素、个体遗传因素和外部环境因素等。关于大学生心理问题的层次，总体上可以分为以下三类。

一是心理困扰，主要是由于大学生出现了临时性的心理状态失调，导致一些大学生产生了短期的消极心理，出现了情绪上的波动。出现这种问题，可以由大学生通过自我调节来恢复，也可以通过专业的心理咨询来帮助其恢复。

二是心理障碍，这属于一类心理疾病。主要是指个体在心理功能上出现了紊乱状态，构成了心理创伤。这类心理疾病会持续较长的时间，对大学生生活与学习的影响较大，应通过相对应的治疗来恢复。

三是精神疾病，主要是指人体在大脑功能上出现了病变，难以支持个体进行正常生活，使个体在认知、行为等方面都出现了严重障碍，患者必须依靠专门的精神科治疗进行恢复。

三、心理健康的理论解读

（一）生物学视角

按照生物学的视角，人们需要针对个体和群体在生理、遗传、神经系统等方面研究各类因素对心理健康产生的影响。人的心理健康问题与身体机能会产生很复杂的相互作用，例如脑神经学科会关注中枢神经系统的病变给人的心理造成的破坏。其中大脑的神经活动是人们产生许多情绪、想法和行为的直接来源，一些受体和大脑功能如果出现失调，往往会直接带来心理疾病。从生物学角度看，人们对于大脑功能研究得越深入，就越能理解许多心理问题发生的直接原因。

（二）心理学视角

1. 精神分析

弗洛伊德创造了精神分析学说，并且成为精神疾病治疗方法及其理论、心理学和哲学。弗洛伊德将精神分析划分为意识活动和无意识活动两个层次，其中无意识是人的心理活动的深层结构，包括原始冲动本能以及其他欲望，这些内容因为同社会道德准则相悖，因而无法直接得到满足，它们被挤出意识之外，被压抑到无意识中。

弗洛伊德主张在治疗精神疾病时，要通过联想、移情、解析梦境等方式来探索人们的潜意识状态，从而分析出许多心理问题产生的隐藏因素。结合潜意识的研究，弗洛伊德进一步划分了人格的结构，即本我、自我与超我结构。

精神分析方法可以帮助人们分析心理健康，即心理健康的人群能够获得多个心理层次上的满足，尤其是内心潜意识产生的冲动能够获得满足。其中包括性冲动与爱情上的满足、其他生活需求能够通过个体的学习和行动得到满足，这样使人们产生爱的能力、创造的能力等。除了弗洛伊德的理论之外，还有一些心理学家认为，当人们能够通过努力获得超出他人的成就时，也会获得心理上的满足，并让心理更加健康，这种健康状态构建了许多人独特的社会身份。

2. 行为主义

行为主义是构建在条件反射学说等理论的基础上而形成的心理学研究理论，其创始人为美国心理学家化生。这种学说通过研究人的各类行为，认识到人的心理状态。同时，许多心理状态的形成也是在外部环境产生的刺激下而形成的，因此，心理学界也可以构建"刺激—反应"的行为主义模式。

3. 人本主义

人本主义心理学是由马斯洛和罗杰斯等人创立起来的。这些学者在批判精神分析和行为主义的理论时，侧重于对人的内在本质的研究，从而主张从尊严、价值、创造力和自我实现等方面来让人们保持心理上的健康。例如，马斯洛创造了人的需要层次理论，其目的就是通过教育等方式，让人在各个层次的需要都能得到满足，从而让人们能够获得高层次的目标追求，让人的发展达到一定的高度。

罗杰斯创造"以当事人为中心"的心理治疗方法，并且关注在教育过程中，家庭和社会环境对个体产生的心理影响。在人本主义学说的完善中，罗杰斯提出了关于自我的理论，认为孩子在成长过程中，就是关于自我概念的形成过程，家长、学校都需要帮助孩子构建自我的概念，这样才能获得心理上的健康。自我主要是指个体能够对个人的身体状态、心理状态形成认知，并且能够认识到自己能够和其他人及外部环境产生关系的方式，从而保持个人的人格独立和尊严，使自我概念不至于被扭曲。罗杰斯的主张改变了传统的心理治疗方式，将心理学发展成为一种人生哲学，也为教育理论的发展提供了新的范式。

4. 认知主义

认知心理学是对传统行为主义学的批判、继承和发展，这种学说否定了行为主义将心理状态简单归结为"刺激—反应"模型，而是更加重视人对环境的认知和思考，从而进一步产生了复杂的心理活动和身体活动。认知心理学将人的心理活动视作一个更为复杂的活动，从而进一步构建了人在信息加工方面的体系模式，其中包括人的感知、记忆、控制和反应等。人的行为都是由思考后产生的结果，而不是简单的条件反射，人的各类心智活动决定了人们对外部环境做出怎样的判断和应对。

（三）社会学的视角

人的心理问题也可以从社会学的视角来做出分析，其中很多的心理状态和行为都可能源自于人所处的社会文化环境，这些环境不会受到生理和心理条件的限制，同样使人们产生不同的心理状态。例如，从社会学意义来看，不同民族所形成的社会文化，能够在很大程度上影响人们的心理和行为。

从社会学的视角来看，社会中的政治、经济、文化能够让个体在认知、情感以及心理压力等方面构成影响。其中在经济发展过程中，低收入群体可能会存在更多的心理问题，甚至更容易出现心理疾病。社会学中还有一种迁移假设说，指出当个人出现了心理问题或心理疾病时，会让一个人损失个人发展的能力，从而进一步导致其在社会经济地位上的下滑。

（四）整合学的视角

结合诸多学科的心理研究成果，在当代社会中，人们也需要进一步建立整合学的心理研究理论。这要求心理工作者能够针对心理问题分析出不同的影响因素，进而帮助心理问题患者解决问题。

整合学的理论需要人们能够将生物学、心理学和社会学中关于心理学的研究综合起来，建立更为多样的相互作用结构，从而创造出更有针对性和更加个性化的心理问题解决办法。

第二节　大学生心理健康现状

一、大学生心理健康教育内容

当代大学生所面临的发展环境更为复杂，除了校园环境外，大学生有条件利用网络等信息化工具来接触外部世界，使影响心理健康发展的因素更加多样。同时，大学生也普遍存在着学习压力、就业压力较大等问题，这也会让大学生在心理健康方面受到很大的影响。因此，高校则需要重视网络环境产生的新问题，深入分析当代大学生面临的心理困境，改变心理健康教育的状况。

大学生心理健康教育的内容应该关注大学生的成长和发展情况，结合大学生的需求来构建内容体系。大学生在成长过程中，其主要任务是进行知识学习和能力培养，同时还包括社会适应性的提升以及自我价值的实现等。大学生在学习过程中，也要不断提高抗压能力，具有应对各类挑战的积极性，从而锻炼出健康的心理状态。

（一）自我发展

大学生从入学阶段开始，就需要改变其中小学的生活和学习状态，让自我意识得到快速发展，从而获得自我发展的能力。在刚入学阶段，大学生需要适应新的大学环境，让自我在心理上能够适应。为此，高校的心理健康教育则应从自我发展的角度出发，着重培养学生的环境适应力，其中主要包括：

第一，高校要通过心理健康教育和其他学科教育，让大学生的自主学习能力获得发展，并且让大学生能够在学校环境和网络环境下，具有获取知识信息的能力。

第二，要让大学生具有更加全面的健康素质。健康包括身体和心理上的健康，而二者也会互相影响，健康的身体素质更有利于大学生获得健康的心理。因此，大学生要保持锻炼身体素质，学会更多的运动技能和劳动技能。

第三，指导大学生建立人际关系网，培养社会交往能力。大学生在适应社会的过程中，需要脱离家长和教师的帮助，能够形成自己的人际关系网络，并且能够与他人进行交流与合作，在同龄人中间获得认同感。

（二）情绪管理

大学生的心理素质已经从青少年阶段逐渐走向成熟，其情绪管理能力则会随着年龄的增长而增长。在这一成长过程中，不能只依靠大学生的自我成长，而是需要通过心理健康教育让大学生了解情绪管理的理论和方法。情绪管理主要有两个过程，第一是面对外部带来的情绪影响，能够转化为心理上的认知，从而控制自己的情绪表达。随着大学生在心智上走向成熟，在面对外部环境产生的问题时，大学生也要能够理智地分析问题，全面地看待人和事，从而借助对自我的管理完成情绪管理。第二是系统性地建立情绪管理的体系，即在心理上形成对外部信息的感知、加工、形成信息反馈并做出正确的心理应对。

在指导大学生进行情绪管理过程中，尤其是要注意负面情绪的管理。高校心理健康教育在实施过程中，不应压抑大学生产生的负面情绪，而是要通过心理上的疏导让其心理不良状态得到缓解。教师需要通过正确的引导，让大学生能够正确对待负面情绪产生的影响，并且了解该如何及时舒缓、发泄自己的压力。

（三）自我独立

大学生的自我独立是其能够成长为独立成人的重要条件。自我独立来自于独立能力的培养，其中主要包括对自我发展的责任能力，区分个性独立与他人关系的能力。关于自我独立的教育内容包括两个方面。

一是在心理上获得独立。高校要指导大学生具有独立思考、独立获得情感的能力，要减少对父母等重要人员的依赖性。最终，大学生要在思想上、行动上为自我发展负责，以独立的人格存在于社会关系当中。

二是获得独立的能力。独立的能力主要是大学生能够通过学习和锻炼，在社会中逐步获得独立生活的知识、技能等，利用这些工具性的能力，获得社会地位、经济地位等方面的独立性。

（四）人际交往

人际交往是大学生步入大学和社会的重要心理需求，人际交往带来人际关系，包括恋爱、朋友和各类工作关系。高校对于大学生人际交往能力的培养，要体现在以下几点：一是让大学生在独立自主的前提下，形成对他人的尊重，并且建立和睦关系。二是让大学生在心理、情感和语言能力上具备社会交际能力。三是让大学生形成多元文化交流、跨文化交流的能力。

（五）自我认同

学生从童年至成年的成长发育过程和受教育过程，会帮助他们实现自我认同。在大学阶段，大学生需要通过自身的学习和成长来初步形成自我认同。在这个过程中，高校的心理健康教育能够帮助他们产生自我认同的意识和能力，让大学生能够快速适应社会环境。自我认同的初步阶段是形成自我认知，能够认识到自己与其他人的差别，并摆脱对家长和其他人的依赖。大学生要能够产生这样的认知，从智力、体质、心理、情感、个性等各个方面来剖析自我。

心理不健康、不成熟的一种表现就是难以形成正确的自我认同，这在大学生群体中间通常表现为错误认识了自己的能力、发展方向，会产生盲目自信、过度自我或自卑心理。高校自我认同教育的内容包括几个方面：①让大学生能够接纳自我的内在和外在，不产生焦虑心理；②结合社会文化环境和时代环境形成对自我的剖析；③找到自我发展的定位、目标；④能够正确接受他人的意见和对自己的评价；⑤形成完善独立的性格。

（六）目标建立

大学生在心理上的发展目标包括心理健康目标、自我实现目标等。在建立目标的过程中，不仅仅包括为自己设置一个目标，还在于能够形成对实现目标的综合分析能力、行动能力和管理能力等，这都需要高校通过心理健康教育为大学生提供帮助。大学生最为重要的自我实现目标就是实现职业发展，通过学习过程来完成毕业前后的职业规划。基于这一需求，高校的心理健康教育课程就需要同就业创业教育融合起来，培养大学生形成职业规划能力，并且在心理上为未来发展做好准备。

（七）健全人格

大学生健全人格的形成，应包括以下的几个阶段。

第一阶段，通过对人文内容的学习来形成人格。大学生要通过学习来认识社会对于人才的需求，进而改变过去所形成的缺点，从而改变自我。

第二阶段，让社会普遍的价值在个体人格中形成。大学生可以通过学习和交流来获得价值认同，让自我人格也成为社会关系体系中的组成部分。

第三阶段，让人格与社会价值实现统一，即协调好个体发展与社会发展之间的关系，明确自己的义务和权利。

二、大学生心理健康现状

（一）心理健康教育形式化

在教育部门的政策指导下，我国高校近些年来加强了心理健康教育工作，还有一些学校也建立了专门的心理健康服务体系。但在实际工作中，还有不少高校的心理健康教育过于形式化，无论是教学课程还是心理咨询服务工作都没有得到学生的认可。其中主要的问题体现在：一是一些学校将心理健康教育的建设集中于硬件设施上，但实际的心理健康教育还没有在学生中间展开。二是一些学校的心理健康教育更加重视学生的心理测试方面，但测试的结果没有成为学校进行心理研究和教学科研的依据，心理健康教育的功能没有彰显。三是一些院校将心理健康工作放在了对有心理问题的学生咨询和治疗方面，但是对一般学生的心理健康成长问题没有重视。不少学生在成长过程中，其所面临的问题难以得到学校和教师的帮助，使得他们只能自己去寻找办法。

（二）德育化倾向日渐显著

在我国的高等教育体系中，心理健康教育被放置在了德育体系当中，长期以来，心理健康教育就出现了德育化倾向。许多高校中的心理教师也是同思政教师重合的，许多人也将德育工作内容与心理健康工作内容等同，使得教师难以从心理教育角度解决问题。实际上，心理健康教育和德育工作存在着十分密切的联系，但二者的学科内容却各有不同。在教育工作中，应该从专业化的角度去形成不同的课程体系和教学机制。心理教育应该更加关注学生的内心状况，分析学生出现问题时的心理本质，要能够找到学生的心理诉求。对大学生的心理咨询或危机干预则更需要有的放矢，能够切实地把握学生的心理状态，帮助他们解决问题。如果单纯按照德育工作的方法，极有可能忽略了实质问题，让学生更加难以适应。同时，心理健康教育与德育工作协同发展也是必要的，通过二者的相互融合，能够让大学生在思想道德、心理健康方面实现全面发展。

（三）心理健康教育方法滞后

高校在心理健康教育方面缺乏完善的工作体系，在心理课程方面存在有效模式的不足。目前，大学生所面临的心理困境与他们成长的环境密不可分，随着社会的转型速度加快，大学生所面临的环境也更加复杂多变，容易让大学生出现更多新的心理问题。许多大学生出现了心理困境时，通常不会演化为心理疾病，主要是对环境的不适应、对未来发展的忧虑，属于一种在心态上的暂时失衡。这时高校如果能够采取有效的工作方法，就会很容易帮助大学生度过这一时期。高校需要认识到，心理健康教育不是传统意义上的心理辅导和疾病诊治，而是一种面向全体学生的教育引导。通过这方面的教育，能够让大学生对心理学知识、对大学阶段的心理成长有更加明确的认识，并且改变对于心理健康方面的误区。同时，还要让大学生能够正确面对心理问题，改变怯懦心理，积极地寻求心理帮助。为此，高校需要改变心理健康教育方法的落后局面，积极研究新问题和新方法，构建能够与网络信息社会相适应的心理工作方法。

（四）心理健康教育师资短缺

在高等教育改革过程中，心理健康教育的发展速度较快，对大学生健康成长的作用也日益体现出来。但快速发展的心理健康教育工作，也出现了师资力量不足的问题。许多高校的心理健康教育教师都是从其他岗位转换过来的，其心理学专业的水平不足，教学的质量也不高。心理教师队伍主要可以分为两种类型：一类是通过心理健康课程为学生传播心理健康知识；另一类是通过心理咨询、辅导等方式，为学生提供心理辅导。目前，这两类教师都存在数量和质量不足的问题。尤其是许多高校在进行心理健康教育过程中，严重依靠学校辅导员队伍来进行，许多辅导员则需要一边进行自主学习，一边来进行教学。还有一些高校设置了心理咨询机构，在社会中聘请专门的咨询师和医师来帮助学生解决心理问题，但这部分专家通常不承担教学工作。①

三、大学生常见的心理问题

（一）适应问题

在心理健康方面，大学生群体与其他群体没有本质区别，但高校的心理健康教育也不能只关注大众化的心理健康内容，而是要对大学生形成有针对性的心理健康教育。大学生集中出现的心理问题主要来自两个方面：一是大学生处于成年的初期，其在身体机能上已经成熟，但心理模式上依然存在发育不足的问题，因而许多青春期存在的心理问题依然会在大学生群体重现。二是由新环境和学业、就业压力带来的心理问题，这些集中表现为大学生的社会适应性问题。如果新入学的大学生长时间无法适应大学环境，那么就很可能演化为严重的心理问题。

大学生所处的环境与其整个童年和青少年时期产生了很大的不同，大学环境存在新的学习环境，同时也初步融合了社会环境，需要大学生能够实现个人的独立和自我管理，找到自我发展的目标及办法。大学生需要在入学后的短暂时间内调整心态，为以后的发展做好心理准备。在这一过程中，容易出现适应力不足的问题。

（二）人际问题

大学环境是整个社会环境的缩影，其中较为复杂的情况在于大学环境具有与社会环境相当的社交环境。大学生要想取得适应力，就必须拓展自己的人际交往能力，并与不同人格的同学、教师和社会人员建立社会关系。然而，不少大学生长期以来在家庭中处于中心位置，在家长的宠溺中长大，进入大学环境后，这种

---

① 谢文涛.我国大学生心理健康教育现状及创新实践策略研究[J].湖北开放职业学院学报，2023，36（16）：19-21.

心态难以帮助他们处理好人际关系，进而与教师、同学产生了很多矛盾。

（三）情感问题

大学生在情感上已经走向成熟，并且产生了包括恋爱在内的许多情感需求。但同时，大学生的恋爱观也是不成熟的，在处理情感方面容易陷入冲动、极端等状态。如果在感情上受到了挫折，大学生则难以从中走出来，进而影响了心理健康状态，给自己的发展带来障碍。

（四）职业发展问题

大学生在经过两到三年的学习后，就会面临着毕业以后的发展问题，无论是就业、创业，还是继续考研深造，都需要形成职业发展能力。目前，大学生的就业压力较大，主要体现在高校的专业设置与社会职业需求存在矛盾上；还有一些大学生对自我职业发展缺少准确判断，没有建立起科学的职业规划目标。因此，职业发展问题是心理健康教育的重要部分，主要在于让大学生能够提高社会适应力，提升心理抗压能力，减少对就业、创业的恐慌心理。

（五）学业问题

大学生的主要任务是不断学习，学习的目的是提高自我的知识结构和技术能力。高校中的教学虽然相对宽松，但实质上学业压力更大，涉及学生未来的发展，并与社会竞争直接相关。同时，当前大学生之间的竞争也更加激烈，许多专业的人才都处于过剩状态，使得大学生需要通过更激烈的竞争来争取未来发展空间。例如，目前有更多的大学生会选择考研来提高知识能力和学历，这样才能在社会竞争中获得一定优势。在这样的条件下，许多大学生都有着较高的学业压力问题。学习成绩越好的学生，这种心理压力越大，有很多成绩十分优秀的学生，会因为心理压力超过了承受阈值，导致了在某个节点后，其学习能力和成绩直线下滑。

四、大学生心理健康影响因素

心理健康水平是一个动态的过程，体现为在较长的时间内能够保持动态平衡。如果在某个短暂时期内，一个人出现心理上的低谷，则不算为心理不健康。大学生的心理健康水平则表现在整个学习生涯，在不同时期，导致心理出现变化的因素也会不断变化。为此，高校需要深入研究引起大学生心理变化的影响因素。

（一）心理因素

心理因素主要是指大学生在从童年到青少年的成长过程中，已经形成的心理要素，包括原有的心理疾病、性格、人格、自尊心等，同时还包括一部分的遗传因素。

大学生先天的心理因素对于以后的心理健康水平有着很深的影响。研究表明，许多大学生患上抑郁症，根源在于其本来的自尊水平较低，而与外部环境的影响无关。大学生如果外向性不高，其心理会产生更大的波动，也有可能在没有外界刺激下，依然出现心理问题。同时，大学生的社交能力会影响他们的适应性，如果社交能力不足，就会影响大学生形成独立人格，从而在远离家庭的大学生活中会更加孤独。

（二）学业因素

在学业因素方面，主要体现为学业、就业给大学生带来的心理压力。具体表现为：大学生之间的学业竞争、大学生个人的学习能力、教师的教学水平等。

大学生的学习主要是进行知识学习和一部分的学术研究，需要大学生依靠高校的课堂教学和自主学习来提高成绩。例如，在本科学习中，学业因素直接表现为各门学科的学分及成绩，学分影响着大学生能否顺利毕业，成绩则影响着大学生的继续深造和同学之间的竞争。通常，在期末考试期间，大学生产生的学业压力更大，也容易让他们出现心理波动。如果长期受此影响，则会让一部分学生出现心理问题，使其对个人的学习能力产生怀疑，并对本专业的课程产生厌倦、逃避等心理。因此，很多高校都会出现一些辍学、休学、逃学的学生。

（三）生理因素

人的心理健康与身体素质有着直接关系，身体机能中一些神经性或是内分泌要素会直接让人的心理出现问题。通常，身体健康的人群，其心理也更容易保持稳定状态。而身体疾病或是生理机能失调通常会成为心理疾病的诱发因素。

（四）社会因素

按照心理问题的社会学分析理论，许多心理问题的产生都是由社会因素引起的。大学生面临的社会因素包括家庭因素、社会经验、网络环境等。除了家庭与社会的因素外，当代大学生在成长过程中更加依赖于信息网络，从而产生网络环境下的心理健康问题。

大学生要想保持心理上的健康，就需要拥有一个健康平衡的社会关系网络，这样可以让他们在心理成长上获得更多方面的支持。其中，家庭关系会成为大学生心理健康成长的重要因素，许多大学生在心理上一直缺乏健康状态，这是由于原生家庭问题所积累的不健康因素而导致的。

大学生要想在社会关系上保持健康，就需要在学校各类组织的支持下，让大学生能够在校园环境下积极参与社会活动。其中包括健康的校园文化活动、社会实践和学生社团活动。同时，教师还应该积极地帮助大学生提高社交能力，让他们构建和谐健康的人际关系网络。

随着信息技术的发展和移动网络的普及，网络环境对于大学生心理健康的影响越来越大，已经成为一种影响巨大的社会因素。大学生可以通过网络来获得在学习、娱乐和社交上的满足。但网络始终存在虚拟性，还存在信息上的虚假性。如果大学生养成了网络成瘾的习惯，或是在思想认识上过于依赖网络环境，则会导致其对现实生活的适应性变差，孤独心理增强，自尊心、自信心受到影响，人际交往能力下降，反而不利于大学生适应校园和社会。

第三节　大学生心理健康教育方法

大学生心理健康教育是一个动态的教育过程。在当代，教师权威受到挑战，传统的思维方式受到挑战，网络舆情把控难度增大。面对机遇和挑战，学校需要重新确立心理健康教育目标，优化教育定位；创新心理健康教育路径，拓展教育渠道；优化心理健康教育运行机制，通过个人自助和寻求专业帮助的方式，提高教育服务力和心理健康效力。高校的大学生心理健康教育既要体现心理学科的专业性，也要围绕社会环境和大学生心理的变化体现动态性。在网络环境下，教师面临的大学生心理问题更加复杂，使得许多传统的教育方法受到限制。在这种情况下，高校需要厘清心理健康教育的新定位，明确新的教育目标，改进教育方法，让高校心理健康教育同时代发展和大学生的成长需求结合起来。

一、大学生心理健康教育的运行机制

高校心理健康教育需要形成完善的运行机制，包含形成组织机制、健康服务环境和心理文化环境等，让心理健康教育能够产生实效性，切实提高教学质量和为大学生服务的水平。

（一）大学生心理健康教育的组织环境

人们普遍认为，组织环境对其内部人员的健康有影响。制度结构和政策通过加强某些价值观、信仰和行为来促进其文化发展，因此高校的心理健康策略、目标、政策和做法会影响学生的心理健康。

组织环境的建立是确保高校心理健康教育实现规范化、常态化、有效化发展的关键。组织环境的建设，要通过构建相应的心理教育管理机制和政策来运行，这些机制和政策要在校园中形成价值观与文化环境，从而让教师能够为大学生的心理健康教学而服务。同时，组织环境的发展，还需要建立与学生心理相关的评价体系。评价的主要对象是学校心理教育和心理服务中心的工作水平，还包括这些机构和教师的工作情况。政府和高校还需要在整体上对大学生心理健康工作进行监督，并建立心理教学和服务人员的队伍保障机制，积极开展大学生心理问题的研究工作。

（二）大学生心理健康教育的健康服务

高校应该结合学生的规模和学生心理状态建立心理健康的服务体系。目前，许多大学生都会产生心理咨询辅导方面的需求，而许多高校的设施和人才力量难以满足这些需求。完善的心理健康服务，应该包括以下五方面的内容：一是强化专业队伍建设，要让专业的心理咨询人员同学校的工作人员进行合作，共同关注当前环境下的学生心理问题。二是通过心理健康教育，让学生对心理咨询服务产生正确认知，改变怯懦、恐惧心理。三是联合各个院系开展心理课程开发，让广大教师能够参与心理课程建设。四是高校的心理服务应该提高专业性、便捷性，能够借助信息网络技术对全体学生开放。五是高校应与社会中的医疗及其他心理健康服务机构合作，实现校内校外资源的联动。

（三）大学生心理健康教育的文化创设

良好的校园生活氛围对于大学生的心理健康有着十分重要的作用，校园文化建设能够为学生提供进行思想交流、社会实践、社会交往的良好机会，让大学生能够快速适应校园环境，提高学习能力和心理素质，让大学生活更加丰富、有趣。

二、大学生心理健康教育的实践路径

高校大学生心理健康教育在实践过程中，需要通过实践平台的建设、实践活动的实施，将心理健康教育落到实处。

（一）提升大学生心理健康意识

在提升大学生心理健康意识方面，高校应该从教学和课外活动等方面入手。提高大学生的心理健康意识，主要是能够学习相关的心理知识、了解心理健康的各项要素、能够正确认识自我，并且能够通过心理咨询等形成积极心态。在教师的指导下，大学生要能够对自我的情绪、心态变化产生识别，对各项工作形成正确的心理预期。如果出现了无法自控的心理问题，大学生也要能够正确地寻求他人的帮助。

大学生心理健康意识的提升，还需要校园内的各类宣传活动来实现。为此，高校应组织学生建立心理社团和小组，让大学生能够进行科普性的心理知识宣传。要重视对大学生心理咨询服务的宣传，减少大学生的恐惧心理，避免大学生因心理问题受到歧视。在网络平台中，高校应该联合专业机构建立网络化的心理知识宣传，通过电话、移动社交平台开展咨询服务。

（二）识别大学生心理健康问题

大学生在学习和生活中都会遇到各种困难，当这些问题出现时，大部分学生能够应对，但仍有相当比例的学生陷入痛苦和挣扎中。研究表明，获得心理健康支持的学生人数和有心理问题的学生人数之间存在差距。心理问题持续的时间越长，对学生学习和生活的影响就越大。此外，由于问题持续存在，学生不得不花费越来越多的时间和精力去解决这些问题。

许多大学生的心理问题日益严重，并演变为较重的心理疾病，很大原因在于没有及时发现这些问题并加以补救。因此，帮助大学生识别心理健康问题十分重要。有些心理问题由于没有显示出较大的危害，长期被大学生和周边人群所忽视，使得这些问题长期得不到解决。如果大学生能够具有进行自我识别的能力，则会更有利于学校开展心理健康工作。高校在心理健康教育过程中，要指导学生进行自我心理识别，并通过心理测试来掌握学生的心理状态。

心理问题的早期识别需要每个人参与，日常的心理健康自我检测可提高高校教师与学生对心理问题的识别能力，加强师生心理健康支持能力，从多角度帮助学生获得适当的资源和支持。

（三）培养大学生社会适应能力

高校在教育过程中，要通过学科教育和隐性环境教育提高大学生的社会适应力，围绕道德、心理、思想政治等公共课程，加强大学生的社会化培养。从心理健康角度看，大学生的社会适应力来自以下两个方面：一是拥有社会交际能力，这种能力能够让大学生可以进行正常的人际交往，形成社会关系。二是具有自我管理能力，自我管理包括情绪管理、压力管理和生活习惯管理等，加强自我管理，可以让大学生控制自己的焦虑情绪，有效释放压力，减少不健康的生活习惯。

（四）干预大学生心理健康危机

大学生在学习和生活过程中，会因为心理上产生的波动而形成心理健康危机。心理健康危机是诱发许多心理疾病的前兆，其影响可能会危害个人或他人。因此，高校必须具有应对大学生心理危机的能力，并且建立及时有效的危机干预机制。由于大学生心理危机产生的诱因可能来自多个方面，因此需要学校中的工作人员能够首先具有危机意识，能够针对大学生可能出现的危机形成预案，并加强大学生新的心理问题的研究。高校对于心理危机的干预要体现出专业性、及时性，一方面能够及时发现部分大学生出现的心理状态，另一方面要让大学生产生主动意识，在出现困境和危机时主动寻求学校的帮助。

三、大学生心理健康教育的优化策略

大学生心理健康教育应当能够对促进青少年心理健康的各种资源进行横向整

合，体现整体性的心理健康教育策略。提高大学生的心理健康素养，使其能够及时识别心理问题，根据症状的严重程度进行分别处理。这就在功能上实现了心理自助和寻求专业心理帮助的整合。

（一）增强大学生自我照顾意识

自我照顾是一项基本的生活技能。几乎所有自我照顾都有共同的目标，就是促进自身健康。从心理层面来讲，自我照顾不仅仅是为了抵御或解决压力，也是为了提高整体幸福感，帮助自身减轻压力，满足自身情感和精神上的需要，培养和维持人际关系，处理好学习、工作与生活的关系。自我照顾的实践应建立在客观评价个人心理健康状况的基础上，结合心理问题的轻重缓急及其对个人功能的影响程度合理进行。针对一般性心理问题和发展性心理问题，大学生可以进行合理的自我照顾，有效培育应对挫折和困扰的能力。

大学生的自我照顾能力的提升，可以让大学生完成自我教育、自我管理，从心理的角度来促进自我成长，使自己保持心理健康向上的状态。自我照顾在于大学生从大学学习到走入社会的过程中，独立性不断加强，形成个人的独立性格和独立自尊，能够不再依赖其他人的照顾。自我照顾的内容不仅包括人格上的独立，还体现在良好的自我控制能力，能够用自己的方法缓解心理压力，能够为自己构建完善的人际关系。结合心理问题出现的情况，大学生如果自我照顾能力较强，就可以对一般性的心理问题进行自我调节，通过放松心情、改变观念、调整方法及与他人交流等让自己的心理状态得到恢复。

自我照顾也是一个长期的过程，可以转化为大学生日常学习和生活的习惯，能够有意识地去参与有利于自身健康的事情。心理健康在有些情况下来自于内心需求得到满足、行为习惯趋向健康，有的来自于大学生能够进行自主放松和娱乐。例如，在大学生适应社会环境过程中，能够通过与他人的交流得到反馈，并通过向他人学习来反映自己的状态。在大学生出现体力、精力上的消耗时，通过转换方式来进行自我调节。

围绕大学生活来看，自我照顾能力体现在以下方面。

1. 身体

身体健康是一切心理健康的基础。大学生虽然身体发育上处于较好的状态，但往往疏于对于自我身体的照顾。尤其是在手机、网络大量普及的情况下，大学生往往沉迷于娱乐、学习和网络社交活动，因此会忽略对身体的照顾。其中主要的问题有：饮食无规律、睡眠不足、不愿意运动等。为此，高校要培养大学生能够建立有规律的作息习惯，经常参加体育锻炼，积极开展户外活动等。

2. 心理

对心理的自我照顾，主要是加强在情绪、认知方面的管理。在进行管理时，大学生要能够对情绪的产生形成自己的理解，并且用适当的方法来调节情绪、发泄情绪。大学生要对自我的优势、缺点和价值产生认知，在学习和生活上形成正确的自我认知。要通过学习和锻炼，提高自己的抗挫折能力。同时，要形成自我反思的意识，对于自己的学习、行为、话语和想法进行分析、反思。

3. 精神

在精神上的照顾，主要体现在大学生要具有高尚的精神追求，让自己的心灵境界得到升华。通过学习与社会实践，大学生要远离社会和网络中的低俗思想，追求在人生和社会中的现实意义，努力提高知识文化水平、提高审美能力，从而有利于心理的健康发展。

4. 专业学业

满足自己在专业方面的发展需求，包括能适度进行专业技能学习，获取相关资源以帮助自己成长。学业上的自我照顾主要是指在课堂学习之外，大学生还应该具有主动学习能力，要利用好课外时间进行本专业和其他专业知识的学习，要围绕未来的职业规划进行有目标地学习。

5. 心态平衡

心态平衡是通过自我的管理和照顾，让心理状态始终保持动态的稳定性。其中包括在取得成就时不应骄傲自满，在遇到难题时不要长期处于消极状态，在面对心理压力时能够得到及时放松。保持心态上的平衡，能够让大学生的心理状态保持持续的上升，让心理健康成为生活的常态。①

（二）帮助大学生适应校园生活

1. 校园环境的适应

（1）对适应的理解误区

高校在学生管理和心理健康教育中，经常对适应性产生一些误区。

---

① 王清，王平，徐爱兵.大学生心理健康教育 [M].苏州：苏州大学出版社，2022.

第一，有人认为适应性是指形成了一种习惯。包括许多教师和学生在内，都将大学生适应环境看成是一种习惯。然而从心理角度分析，有时候习惯的形成，往往在心态上是一种消极的应对，这种心态不能说是一种健康心理。过于习惯容易造成人在思想上的麻木，在行动上也会因循守旧。在社会不断发展的状态下，大学生的适应性很难说成是一种习惯，而是要随着社会环境的发展，尤其是生产力的发展来不断适应，并且能够正确地应对新出现的挑战，并养成一种创新精神。

第二，将适应看成是对环境的服从。这种误区在很多学生和教师身上有所体现，许多高校为了让学生适应学校环境，制定各种规则和制度让学生服从，将其看作适应力形成的标准。在很多时候，大学生心理健康的成长在于能够脱离他人的管束，能够养成自我管理的能力，进而对于学业和职业做出自己的选择。过于服从的心理状态，容易让大学生无法在毕业后面对复杂的职业环境，反而丧失了竞争意识和能力，对于适应社会环境是十分不利的。

（2）增强适应能力的策略

①要让大学生能够对个体发展做出认知，以便用独立人格来适应校园生活。自我个体的认知来自于对个人能力、性格等方面做出的判断，可以帮助大学生在校园关系中找到自己的定位，发扬自己的优点，从而更能得到他人的认可。大学生由于在心理上不成熟，常常会出现过于自卑或自我评价过高的情况，一旦现实与心理预期不符，就会在心态上出现波动，容易从一个极端走向另一个极端。因此，大学生自我认识能力的提升，能够让他们保持自尊和自信，实现个人素质的全面发展。

②帮助大学生建立自我防御机制。心理防御机制是指当人们遭受到较大的困境和压力时，受到大脑和身体机能的自我保护原理，形成的防御机制。防御机制可以让人们避免在身心上遭受更大的打击，也是人们心理上出现波动的一种表达信号。保持心理健康，应该正确运用防御机制，防止心理上的波动成为心理疾病。例如，大学生在学习时如果压力过大，就应该及时进行娱乐放松，通过移情等办法来保持心理健康。

③鼓励大学生积极参与心理咨询辅导。大学生如果出现了心理问题而不能自我调节时，就应该积极获得专业人员的帮助。高校应该针对大学生的心理问题建立专门的心理咨询机构，要求专业的咨询人员来进行服务。一些大学生对于心理咨询本身存在着一定的偏见和错误认知，不愿意向其他人吐露心理状态。通过心

理健康教育，要帮助大学生对心理咨询形成正确认知。

2. 学生角色的转变

（1）角色的转变

大学生通过大学期间的学习和生活，需要完成自我角色的转变，并且从学生的身份转换为某些社会身份。角色转变可能会让大学生产生心理上的不适应，也会使其产生情绪波动，但这个角色转换的过程依然是必须要进行的。进入社会环境后，大学生则需要承担社会中的责任和义务，积极参与社会实践，才能成长为社会有用人才。角色的转变需要在大学生活过程中来不断调整，除了进行专业课的学习之外，大学生所参与的任何活动，都会对角色转变产生一定影响。有些大学生可能会沉浸在过度上网、过度游戏等不健康的生活中，使大学生的角色更难以出现转变。

（2）学习方式上的转变

高校的教学方式与中小学教学方式存在着很大的不同，在教学内容上更加多样，也更加专业，教师的教学也相对宽松，更加注重大学生的自主学习。因此，高校的教学方式呈现明松暗紧的状态，需要大学生通过加强自我管理来提高学习质量。许多大学生无法进入这种学习状态，对自己也放松了要求，出现逃课、不愿意学习等一系列习惯，使得大学期间没有学到有用知识。为此，高校应该在心理教学中有意识地培养学生的自主学习能力，让他们能够对自己的学习做出规划。

（3）生活状态上的转变

大学生要在生活状态上不断提高自我管理能力，使自己养成良好的生活习惯，不断从生活上获得独立。生活状态能够影响大学生的心态，而有些大学生则在生活上过于放松和任性，让生活状态越来越差。主要表现在：在生活作息上不够规律，让身体健康水平下滑；不懂得节约钱财，陷入消费攀比的陷阱，进而形成爱慕虚荣的心态；过于沉迷网络，忽略了学习和社会实践等。

高校虽然不会在生活上对大学生进行纪律约束，但也应该通过心理健康教育培养学生良好的生活作风，使大学生能够围绕人生发展，对自己严格要求，从生活习惯入手，实现良好生活质量的积累。

3. 学生的个体发展

心理健康教育要关注大学生在个体上的成长，帮助他们解决生活、学习和职业方面的问题。

（1）学业上的发展

大学生的主要任务依然是学习，应该在完成好高校中各类学习任务的基础上，积极投身于课余生活、社会实践。学习能够让大学生奠定知识基础、思想基础和技术基础，这样才能帮助大学生在实践中取得成就。对于大学生的社会适应力提升，也应该在学习的基础上进行实践和创新，并且为未来的就业和创业做好准备。大学生养成良好的心态，应该从自己的学业规划入手，了解自己除了专业课外，还应该学习哪些有用知识，合理地安排学习时间和实施计划。

（2）综合素质的发展

心理健康教育有利于其他各项素质的发展，并且与道德教育、思政教育、人文教育有着必然的联系。当代大学生既要在知识上具有专业性，也需要在社会角色上实现全面发展，成为社会需要的人才。就目前的就业形势来看，人格或性格上具有较大缺点的人难以得到社会的认可。为此，高校应该从心理教育出发，培养大学生养成健全人格，尤其是让大学生在心理上保持自信心、具有抗压能力、提高社交能力，这些基本的能力素质都会对大学生未来的发展有实际帮助。

第二章　大学生网络心理问题

第一节　大学生与网络的关系

当代大学生在自我学习和成长的过程中，会因为知识结构、社会经验的完善，对未来发展产生新的认知，从而对自己的各项素质进行完善。大学生的知识和经验的积累大多数来自于高校的学科课程，也有一部分来自于自我的社会实践和探索。当前互联网的发展，给大学生在生活和学习上带来了更方便快捷的工具。同时，网络中的知识信息资源十分丰富，具有信息共享、交互性强的特点，让大学生的学习、社交、娱乐、消费、观念表达等方面的需求都能得到满足。从积极方面来看，网络能够让大学生学习新知识、新技能，帮助他们实现快速成长；从消极方面来看，网络也存在思想、价值观复杂，虚假信息过多，网络犯罪频发等问题，容易给大学生带来危害。另外，大学生也可能对网络工具产生依赖性，并且出现网络成瘾性，使其心理健康状况受到危害。

一、互联网的特征

互联网是一种综合性的信息传播工具，其信息传播效率比过去的图书、报纸等都要快捷。并且能够突破信息在文字、图片等形式上的限制，成为一种多媒体工具。互联网的这些特点成就了其在大学生群体中的作用，使得大学生能够借助互联网进行学习，并开展社交、娱乐活动。互联网以及新兴的移动互联网在大学生生活中产生了更加重要的作用。

（一）时效性

互联网在进行信息传播过程中，具有很强的时效性。网络中会随时产生新的数字信息，借助高速通信网络来进行传播，在时效性方面，互联网能够超过其他的信息传播平台，成为当前社会中最主要的信息共享媒体。

（二）隐蔽性

互联网在使用过程中，能够为用户带来更多的隐蔽性。大多数用户在很多网络平台中都是以隐藏身份的方式来进行信息沟通。这种隐蔽性也使得网络中会形成各种信息，让用户可以无障碍地进行网络使用。然而，这种隐蔽性也是网络产生虚假信息、网络攻击、网络犯罪的根源。

（三）共享性

互联网借助各类手机、计算机平台，在广大的用户中产生了很强的影响力。任何用户都有可能成为信息的生产者和传播者，使网络传播具有很强的共享性。网络的共享性不受用户、地区和时间的限制，用户可以凭借各类平台和软件与其他用户进行共享。共享性的信息也能帮助人们加快学习，使其不借助传统教育，就可以获得相关的知识。

（四）随意性

网络无论是在使用还是在信息传播方面都有着很强的随意性。网络平台中的信息通常不会限定在一定范围，从而使得用户可以凭借自己的意愿、兴趣来进行信息传播和接收。

（五）虚拟性

网络所进行的信息传播是通过数字形式进行的，用户在网络中也会形成虚拟的身份，共同造就了网络的虚拟性特征。随着网络信息技术的发展，各类模拟技术、人工智能技术、大数据技术和智能感知技术也被接入网络平台，从而在网络中形成了整个虚拟的世界，其中包括数字化社区、城市、商城、银行、货币等。用户也可以利用社交网络来构建虚拟化的人际关系，从而满足自己在交流与情感方面的需求。这种虚拟化的特点，极大地改变了整个社会的结构和文化，也让所有使用者的心理、道德甚至伦理观念发生了改变。

（六）交互性

网络传播的特点是有别于传统的信息媒体，具有交互性，即信息不是从传播媒介进行单向传播，而是在媒体与用户、用户与用户之间进行交互性传播。互动性能够让所有使用者都有了观点表达的机会，也可以让用户随着自己的需求来做出选择。交互性也体现了网络传播的低成本特点，尤其是随着微博、微信、直播平台和短视频平台的兴起，让一般大众用户也有条件成为信息生产者，并且随时可以对一些实效性信息做出反馈。

二、互联网对大学生的影响

互联网技术及新一代移动通信技术的发展，让网络的传播能力和效率都有了极大的提升，也对大学生的学习与生活方式产生深远的影响。其影响来自于积极和消极两个方面，对于大学生心理健康状态的发展也带来不同的结果。

（一）积极的影响

互联网的积极影响，能够让大学生更好地学习，并通过网络娱乐、社交等释放心理上的压力，有利于大学生心理健康。

1.缓解大学生心理压力

大学生对于外部世界充满了好奇心和探索心理，同时也会产生更加丰富的感情、娱乐等方面的需求，而互联网的丰富信息内容和功能的多样性，可以完全满足大学生的各项需求。在网络平台中，大学生能够与兴趣相投的人群进行互动、社交，形成网络社群，不仅可以沟通感情，也可以互相学习。同样，网络中存在着很多娱乐性质的影视、动漫、游戏、视频平台，能够让大学生选择各类娱乐活动，满足他们在精神文化生活方面的需求。

2.开拓大学生信息渠道

在学习型社会的背景下，网络从一般的信息咨询平台转变为专业性的知识服务平台，其中许多数字图书馆、智库、搜索引擎和科学技术平台都能满足用户的知识学习需求。大学生在自主学习过程中，可以方便地利用这些平台，围绕本专业课程的学习，拓展更多的知识学习。网络学习有效地改变了传统的学习方式，对大学生提高自我、锻炼学习能力是不可替代的。

3.培养大学生思考方式

互联网具有开放性、互动性、多元性的特点，能够让所有的用户具有表达观点的渠道，也能够容纳各类思想观念。大学生具有思维活跃、创新能力强、接受新事物能力强的特点，更加适应网络中的社群环境。在互联网环境中，大学生可以将自己的观点充分表达出来，并且从网络中学习新的思维观念。通过网络平台，大学生更可以关心国家和社会的发展，了解国内外发生的大事，从而提高自己的思想政治意识。在正确的引导下，互联网能够成为提高大学生思想政治教育和人文素养教育的重要阵地。因此，高校的思政、人文、道德和心理教育也需要融入互联网环境，打破高校的"象牙塔"樊篱，在更加广阔的视野中发展高等教育。正确使用互联网，是培养大学生思考方式、提升大学生心理健康水平的重要举措，要让大学生能够关心学校、社会的发展，不断丰富自己的精神世界。

4. 扩展大学生的交际圈

大学生在大学学习期间，通过学习与实践活动，会逐渐构建自己的人际关系网络。过去，大学生的社交活动会局限在校园和周边社会环境，但互联网能够打破这种地理空间限制，让大学生能够在更大的群体中参与社交活动。目前的互联网发展，更加注重社交网络的构建，形成了社交网络发展格局，如微博、微信、各类论坛和社交应用程序，都可以让用户围绕社交需求凝聚起来，为大学生创造了社交空间。大学生能够凭借共同的爱好、学习的需求、职业发展需求和资源的互动来加入不同的社交圈层。

（二）消极的影响

互联网中的虚拟性、繁杂性和信息安全威胁等，会给用户带来诸多消极影响。尤其是大学生群体的自控能力、信息辨别能力和社会经验不足，更容易受到网络中不良因素的影响。网络中的消极影响，已经成为许多大学生出现心理问题和危机的重要诱因。

1. 网络环境成瘾

互联网具有很强的时效性，各类平台和用户为了提高关注度和流量，会主动地创造刺激性的数字产品；同时，网络中的娱乐产品更为丰富，容易让用户沉迷于游戏、娱乐视频和各类流量博主的诱惑当中。大学生在使用网络的过程中，难免会陷入娱乐化、庸俗化的陷阱，并产生网络成瘾性。尤其是在现实的学业压力、就业压力较大的情况下，会有更多的大学生用逃避的方式来沉迷网络，更加重了心理上的问题。

2. 人际关系淡化

网络中的社交活动对于大学生来说是一柄双刃剑,网络在满足大学生社交需求的过程中,也更容易让大学生忽略了现实生活中的社交生活,进而让他们在现实中越来越难以与他人交流,让其说话、办事的能力有所下降。目前存在的情况是,许多大学生能够在网络中侃侃而谈,尽情地表达自己观点,甚至形成了丰富的虚拟人际关系网,但他们在学校、家庭及社会中却不愿意与身边人沟通,人际关系淡漠,以致对现实生活产生了某种逃避心理。这种情况的发展,会让一部分沉迷网络的大学生在学校、社会中不断被边缘化,不再能够融入集体,也会缺少教师、朋友的帮助。

3. 价值取向偏颇

网络中的思想、价值观是复杂多样的,各类人群都在其中表达自己的观点,并且随着一些网红和热点事件的影响,许多观念和思潮都在发生着变化。网络中也不乏一些有害的价值观和错误的观念,正在给网络用户带来思想上的侵害。处于思想、心理成长期的大学生更容易受到各类思潮的影响,进而让他们对于高校中的社会化教育产生抗拒和怀疑,在价值取向上盲目跟从网络。其中包括:网络中普遍存在的消费主义、享乐主义思想,容易让大学生在生活中追求攀比享乐;网络中的急功近利心理,让大学生在职业发展中盲目寻求捷径,对于未来职业规划产生了迷茫;网络中的有害思想,让大学生难以树立正确的思想道德观,使其丧失了理想信念等。

4. 情感迷失严重

许多大学生在产生情感需求时,都会寻求在网络中的满足。互联网能够帮助大学生寻找到观念、兴趣相近的人群,通过社交互动,可以让大学生更容易地进行情感倾诉,并建立虚拟的社交关系。大学生通过在网络中的情感交流和情绪发泄,能够在一定程度上缓解自己的压力,让心理问题得到疏导。但从消极方面来看,大学生也会容易对网络产生依赖性,更难以解决现实中的情感问题。同时,网络中虚假的情感和人际关系,也会让大学生接收更多的负面情绪,加重了大学生的心理问题和情绪压力。[①]

---

① 刘潇.互联网对当代大学生心理健康的影响及应对策略 [J].国际公关,2023(21):167-169.

第二节　大学生网络心理分析

一、大学生的网络心理特征

网络环境能够让任何用户都能在其中寻找到合适的空间，进而形成了网络文化与网络心理。在不同的用户群体中，网络心理存在着差异。大学生在使用网络的过程中，也会产生其适应的网络心理特征。

（一）好奇心理

大学生是好奇心较重、能够接受新鲜事物的群体，因而他们在网络中也更容易接受新思想、新知识。网络中的时效性和信息的新奇性，极大地满足了大学生的好奇心理，并且大学生也会积极投身于新颖观点的传达。

借助好奇和学习心理，大学生能够利用网络进行信息交流和学习，让自己的知识结构得以构建起来。另外，在好奇心的驱动下，大学生也更容易接受新思想和新观念，并且对于一些刺激性的信息有着很强的需求，因而可以利用网络融入潮流性的现代生活方式。

（二）需求心理

网络能够满足大学生在心理上的多种需求，其中很多是来自于休闲、娱乐和社交需求。大学生可以借助网络，积极加入社交群体，参与娱乐活动，让自己的情绪得到放松。在社交层面上，大学生通过虚拟的身份，可以在社交网络中展示自己的面貌，表达自己的观点，并且找到能够与自己沟通的人群。许多大学生也借助自己优秀的学习能力，引领了网络潮流，提高了自己的自尊和自信。在娱乐方面，网络中会出产丰富的文化娱乐产品，如游戏、动漫、视频等，这些产品对于大学生有着很强的吸引力，使他们成为网络娱乐的主要用户群体之一。

（三）逃避心理

目前，网络已经成为大学生进行情感倾诉的重要平台，也会让大学生产生逃避心理。大学生在面临学习和生活中的问题时，很容易去网络中寻求寄托，进行娱乐放松，并逐渐地沉迷于网络环境中。但在很多情况下，网络中的寄托无法帮助大学生解决现实中的问题，使大学生的问题不断加重。逃避心理的形成，让大学生在现实中解决问题的能力变差，并且丧失了自信和勇气，降低了抗挫折的能力，使其心理处于不健康的状态。

二、大学生网络成瘾心理

网络的娱乐性、诱惑性很容易让使用者产生依赖性，经过长期发展，网络成瘾问题已经演变为一种心理疾病。网络成瘾通常会在学习群体中大量出现，不仅包括中小学生，也包括一部分的大学生。成瘾性主要是人在生理和心理上形成的一种依赖性，网络成瘾与传统的烟酒、赌博等成瘾现象相似，都会让人在获得某种满足后，陷入更深的依赖，并且很难脱离这种成瘾性。一旦形成网络成瘾性，用户就会消耗更多的时间来使用网络，脱离网络后则会产生身心上的不适，同时成瘾性也会让人的满足阈值不断升高，使得成瘾者必须要更深度地产生依赖性。大学生会由于性格问题、现实生活问题和各类心理压力形成网络成瘾性，对于大学生的身心健康会带来诸多危害。

（一）大学生网络成瘾的危害

1. 学习缺乏动力

网络成瘾性会让大学生消耗越来越多的时间、精力来使用网络，并且成瘾性也体现在大学生会更多追求刺激性、娱乐性的信息，而不会将网络工具用于自己的学习。然而大学生的时间也是十分有限的，需要完成许多的课程，在被网络占据时间、精力后，必然会让学习任务难以完成。在成瘾性的影响下，大学生在网络中会得到某种精神上的亢奋和满足，而在现实生活中则会表现为情绪低迷、精神不振、注意力下降等问题，无法为自己的学习提供更多动力。许多大学生都会因为网络成瘾而影响了学习能力，并且越来越厌倦学习，甚至产生对生活的厌倦。许多大学生患上心理疾病、面临逃学或退学，都是由于网络成瘾而引发的。

2. 损害身心健康

大学生在使用网络过程中，一般会使用个人电脑、手机和网吧的电脑来进行，这些网络端口的特点是会让使用者长期处于坐、卧等状态，并且会让使用者对现实时间的关注度下降。如果长期使用网络，会让人体的生理规律产生紊乱，生活作息被极大改变。因此，网络成瘾往往会带来身心健康上的威胁，从而引发身体和心理上的双重问题。许多大学生在沉迷网络后，不再愿意参与体育活动和户外活动，长期留在宿舍中使用电脑，而且也会在上课、自习过程中过度使用手机。在上网过程中，大学生也无法进行健康饮食和睡眠，使得身体健康机能下降。

3. 社交出现障碍

大学生在网络成瘾后，会将网络视作生活中最重要的工具，他们会将自己的身心大部分投入到网络环境中。大学生的社交、沟通等方面的活动也是在网络中进行的，在网络中，通过观点表达、交朋友等方式来形成自己的生活。但由于网络形成的成瘾性，使得大学生无法对现实生活产生兴趣，在身边的同学和亲友中间越来越封闭自己的心灵，使得他们难以建立现实中的人际关系。长期的孤立和不交流，会让他们的社交能力下降，表达能力下降，越来越难以融入现实中的生活环境。除了缺少情感交流的对象外，许多成瘾大学生的恋爱需求也是在网络中开展的，但网络恋情的虚拟性和欺骗性，也容易让大学生的感情受挫。

4. 观念产生错位

网络中对于大多数价值观方面的信息都是放行的，形成了多元思想、价值观并行和交锋的局面。网络中会存在一些人出于商业利益、个人利益或是关注度方面的考虑，刻意传播一些耸人听闻的思想观念。例如，经常出现的网络谣言，对于一件事物的片面评价，一些充满消费、享乐的价值观等会在网络中快速流传。一些道德败坏者也会在网络中寻找"存在感"，一些极端思想会在网络中蔓延，让正当、理性的声音被压制。大学生在沉迷于网络过程中，会有意或无意地被一些错误、极端思想所影响，让其正常的思想观念产生了错位。一些大学生出现了理想、道德和人文素养的滑坡，这正是由于网络成瘾而形成的。

（二）大学生网络成瘾的原因

1. 个体因素

在使用网络的过程中，不是所有的大学生都会产生成瘾性。大多数学生都会合理地去使用网络，将虚拟与现实区分开来，让自己的成长不受影响。大学生在网络成瘾方面，受到许多个体因素的影响。

（1）有些大学生的成瘾性，源于自我管理能力不足。面对网络中精彩的世界和充满刺激性和诱惑力的信息，这些大学生无法控制自己的行动，使自己的生活深受网络影响。

（2）有些大学生的成瘾性，体现在好奇心和叛逆精神过重。这些大学生会在精神上对家庭、学校产生反叛心理，而网络则能够满足这样的要求。网络中的新鲜事物能够极大地满足学生的好奇心，包括一些新颖的生活方式、游戏方式等都会让大学生成瘾。

（3）有些大学生在现实生活中缺少课余生活，更容易在网络中寻找乐趣。受到各类因素的影响，一些大学生对于学校中的社团、体育锻炼、社会实践等都无法产生兴趣，但在网络中能够找到自己感兴趣的内容。兴趣对于人们思想的引导性是很强的，会让一些大学生完全凭借自己的喜好来生活。

（4）有些大学生存在心理上的难题，更愿意在网络中寻求疏导。心理上的问题，会让大学生不敢面对生活中的难题，会对一些挑战和竞争产生畏惧心理，在心理上产生逃避心理，而网络环境给予了他们这样的逃避方式。

（5）有些大学生会因为自我性格的因素而沉迷网络。有些大学生天生内向、不擅长与人交流，而为了满足心理上的被认可或是倾诉的需要，会以虚拟身份在网络中活动。同时，还有一些天生不爱学习的学生也容易陷入网络中，可以让他们在网络中找到同样的人群，形成自己的兴趣爱好社群。

2. 环境因素

网络在社会中的传播，让网络成为一个虚拟的社会环境，对人们产生了很大的吸引力。许多大学生网瘾问题的出现，也在于身边的网络环境更加浓烈，不仅为大学生上网提供了方便，更在文化氛围上对大学生产生了很大的诱惑力。社会环境和网络环境的复杂，也让学校和社会对于大学生上网问题难以进行引导和管理。一是高校周围的社会环境更有利于大学生上网，许多网吧都会开在大学周围，并且通过各类营销方式来吸引大学生消费。例如，网吧进行的办卡、包夜优惠等，这些营销活动会让大学生整日整夜地上网，容易产生成瘾性。二是在网络环境中，更多的网络游戏、网络购物、视频直播平台兴起，对于大学生产生的诱惑力很深，这种商业行为加快了消费主义、享乐主义在校园中的传播。三是一些大学生从小到大所成长的环境不利于心理健康成长。一些网络成瘾的大学生存在着家庭不和谐的问题，他们在生活中缺少家人的理解和爱护，缺少情感上的关怀，就会导致他们沉迷网络寻求情感慰藉。四是学校中的文化环境及人际关系也会造成部分大学生沉迷于网络的问题。我国大学生基本需要在大学校园中进行集体生活，大学宿舍的环境对于他们的影响很大。有些学生与室友的关系不够和谐，或是在其他人的带领下沉迷于网络，造成了网络的成瘾性。

（三）解决大学生网络成瘾心理的对策

1. 加大社会的监管力度

面对大学生的网络成瘾心理，政府和社会需要进一步净化网络，加强网络监管和信息安全保障，借助法律、政策和行业规范，让大学生的上网环境得到改善。一是应该在政府的指导下，加强对网络运营场所的管理。一方面要能够规范网吧的经营行为；另一方面对于网络平台，要实现有害信息管理，构建绿色、健康的网络信息环境。二是高校和社会要重视网络成瘾性危害的宣传。从社会环境来看，人们既要认识到网络带来的便利，也要认识到网络的负面影响。教育工作者和心理工作者需要重视网络成瘾心理的研究，找到科学的心理辅导方法。从宣传角度来看，高校要联合各类媒体，加强对网络成瘾问题的宣传，并且要结合教育工作，向大学生传播网络知识，引导大学生能够科学上网。

2. 加强学校的教育引导

第一，高校要通过大学生心理教育和信息知识教育，对大学生使用网络问题形成正确导向。心理健康教育要增加网络成瘾性和其他的网络心理课程内容，在教师和专业学者的合作下，对新出现的网络成瘾问题开展研究。心理健康教育的课程要能够符合当代大学生的心理发展情况，切实满足他们的需求，帮助大学生打牢思想观念和心理素质的基础。同时，信息知识教育要让大学生能够对网络发展、大数据、人工智能等新技术产生全面的了解，形成正确的网络观和信息观，懂得在生活和学习中如何有效地使用信息工具，了解在网络中如何科学地获取有价值的信息。另外，高校通过思政教育、心理教育和其他教育工作对网络成瘾大学生进行管理也是十分必要的。在管理过程中，要避免强制性的手段，而是加强心理咨询和教育引导工作。要让成瘾大学生能够认识到网络成瘾危害，逐步参与正常的大学生活。

第二，高校要通过心理辅导和危机干预来解决大学生的心理问题。许多大学生形成网络成瘾性，根源在于其本身存在着心灵创伤和心理问题，网络成瘾是其心理形成防御机制的一种释放手段。对于这类大学生，高校需要帮助他们找到心理问题的根源，有针对性地进行心理辅导。心理咨询和辅导工作应该由专业心理人员、辅导员、党团组织和学生来共同进行，要帮助一些学业、经济或思想上有困难的学生早日渡过难关，切实帮助他们解决问题，并且给予这些学生情感上的关怀。大学生在网络中形成的心理诉求在很多时候都来自于现实需求，其中包括：社交需求、学习需求、娱乐需求等。如果在校园生活中能够满足这些学生的需求，那么他们就不再会依赖网络来获得心理满足。对此，高校应该关心学生的成长状况，借助党团、辅导员、学生组织的调查研究来了解学生的诉求，同时丰富校园文化生活，建立生活帮助、学习帮助的小组，让成瘾大学生能够在现实生活中获得乐趣和其他方面的满足感。

第三，高校要以课程改革和文化活动来引发学生的兴趣，增强学生参与校园生活的主动性。许多大学生是出于对专业课学习的厌倦而染上网络成瘾性，这就需要高校在课程设置上加以改革，让更多的课程体现内容和方法上的丰富性，引导大学生能够产生学习的主动性。在课外活动方面，由学校和学生组织的校园文化活动要改变形式主义和内容空洞的问题，让大学生能够参与其中，充分发挥自己的活力，在集体生活中获得归属感。在社会生活方面，高校要通过社会实践、阳光体育等活动，让大学生的注意力能够从网络转移到现实，要体验现实中的自然生态、人文生活与文娱活动，让他们激发对现实世界的热爱。①

三、大学生网络行为心理

目前，网络已经不仅仅是一个信息的传播工具，而是切实地成为一个虚拟化的世界。在网络世界中，许多人所形成的观念和行为是与现实社会相悖的，在道德、伦理和法律等方面出现了许多失范现象。大学生网络的失范行为已经引起了全社会的注意，尽管大学生群体的普遍素质较高、遵纪守法程度较高，但在网络环境下，他们也会放弃学生甚至受高等教育群体的身份，出现许多行为上的问题，这些问题与大学生存在的网络心理问题密切相关。

---

① 王婧.大学生网络成瘾的原因及对策 [J]. 百科知识，2023（21）：53-55.

（一）大学生网络行为失范

1. 大学生在网络中的道德滑坡

网络环境会对每个用户产生影响，而用户也会失去其在现实社会中的角色与关系，在网络关系中进行重塑。例如，网络社交媒体中，谩骂、失信、欺骗等行为不断出现，也成为许多人发泄内心潜在心理的重要场所。一些大学生在网络中也不再顾忌其在成长中受到的良好教育，放弃了道德约束，在网络中的行为无限滑坡。这些网络中行为的失范，还往往被冠以"真性情""话语权"等名义，实际上让所有用户都陷入了行为失范的误区当中。

2. 大学生将网络影响带入现实

网络中的许多信息和行为都存在着低劣、庸俗和虚假的特征，许多知识性、新闻性的信息也充满了谎言，一些能吸引眼球的错误观念更容易受到追捧。大学生在长期的上网过程中，会将许多错误的知识、事件信息和思想观念构建成为自己的思想、知识体系，并且影响了其人生观、价值观的健康发展。在现实生活中，他们也会将错误的思维转化为行为，使其在学习、就业和创造性活动中遭受失败。

（二）大学生网络行为规范

1. 积极引导学生使用社交网络平台

任何一种网络平台都存在着有价值信息和无价值信息杂糅的情况，这需要使用者能够形成较高的信息素养和信息能力，对各类信息做出筛选和判断。高校应该通过心理教育、信息教育，指导大学生科学上网、正确使用网络工具。一是要形成扎实的知识理论基础和思想道德基础，面对网络中复杂的情况能够做出判断。二是对信息的检索能力要增强，在学习某些知识的过程中，要分辨出其中的虚实，找出高价值的信息。大学生尤其要注意对网络图书馆、各类智库的使用，减少网络中以流量为主的平台使用。三是要提高信息安全意识，对于网络犯罪问题要引起高度警觉。

2. 将日常学习与社交网络结合起来

高校在教学过程中，要重视专业化教育平台和网络课程的开发。借助社交平台和教学类应用程序开发，实现网络化的教学。教师也要深入掌握网络工具，采取网络微课等办法来进行线上教学；要利用社交工具与学生进行互动交流，帮助学生解答学习、生活中的问题；要在信息的选择方面给学生提供指导，能够带领学生汇集网络教学资源，发挥网络信息共享性，鼓励学生参与网络学习。

第三节　大学生网络心理健康

一、高校网络心理健康教育

网络心理健康教育已经成为心理学范畴的新课题，一方面要关注大学生的网络心理健康问题；另一方面则需要利用网络开展心理教育工作。网络带来了更多样的心理发展环境，在传统的心理学研究中也是前所未见的。同时，网络工具的一些特性也能够较好地满足心理健康工作的需求。

（一）网络心理健康教育的概念界定

网络环境的出现，让心理健康这一概念内涵实现了扩展，需要理论界能够明确"网络心理健康教育"这一命题的概念。

网络心理健康教育从互联网向大众普及之时就已经出现，而其概念也随着网络的快速发展而不断丰富起来。在早期的互联网中，网络主要是一种信息传播的媒介，人们将其与传统的大众媒介放在一起进行比较。早期的互联网和局域网都具有很强的工具性，也可以成为一些专业学科进行信息传播的工具。为此，在早期的研究中，一些心理学者也看到了网络的便捷性，开展了以网上平台为工具的心理辅导等工作。尤其网络始终具有很强的隐蔽性，能够隐藏用户的真实身份，这对于心理学上开展咨询与辅导会带来很大的便利。随着网络的功能性不断扩展，网络心理健康教育逐渐明晰起来，从狭义角度来看，这一概念是指利用网络工具开展心理健康工作，重点突出了网络的工具性。

网络本身也会发展成为一种人们生活的环境，从而在其作用下，成为许多心理问题产生的因素。网络心理健康教育也不再是在网络平台上开展的心理咨询和教育，而是成为一种新型的心理学研究对象。它涵盖了以下内容：①网络可以成为心理健康教育的技术手段；②网络能够成为心理现象和心理问题的要素；③网络能够成为心理工作开发的资源；④网络可以成为心理研究的对象和教育内容；

⑤网络可以成为一个完整的心理工作体系。

在当前的信息社会中，网络也将大数据、人工智能、虚拟社区、物联网等技术融合起来，成为社会信息化体系中的一个显著标志。网络成为一个渠道和平台，能够创造出完整的虚拟社会。在这个环境当中，所有的社会文化和心理问题都需要成为网络心理健康教育所关注的对象，其概念已经能够同传统的心理健康教育并列发展，并会在未来成为心理学发展的大趋势。网络环境具有以下几种表征：第一，网络中使用的各类信息技术，如大数据、云计算、互动社区等都可以成为丰富的心理教育工具，可以帮助心理工作者和教育者开创新的方法和范式，促进心理教育工作的发展。第二，在网络环境下，其丰富的信息资源是心理工作者应该重视的，因而要加强对网络资源的开发和利用。第三，网络社会环境能够成为许多心理问题的诱因，并伴生许多前所未见的心理问题和心理疾病。网络心理问题必然要成为一个重要的研究课题。

基于以上的分析，我们需要对网络心理健康教育进行新的概念界定：在网络信息技术的发展带动下，网络心理健康教育是心理健康教育在研究领域和研究方法上的拓展，是心理学新范式的形成，是未来发展的新趋势。心理学和心理健康教育的创新也同网络环境和信息化环境密切相关，能够从中获取新的技术工具，并实现理念和方法上的创新。全社会及高校所进行的网络心理健康教育，一方面是指研究网络环境形成的新问题；另一方面也体现在加强理念、手段和方法创新，实现心理健康教育工作的信息化发展。

（二）网络心理健康教育的构成要素

大学生心理健康教育是指高校通过心理学、教育学等手段，以大学生群体为对象，研究大学生心理健康的发展问题，并对大学生提供心理成长指导、心理咨询干预和其他知识传播的系统教育工作。结合教育系统论的概念，这项工作包含了许多构成要素，能够形成完整的体系。结合网络环境下各类要素的发展，心理工作者应该将传统要素与网络中新产生的各类要素结合起来，构建更加完善的网络心理教育体系。

1. 网络心理健康教育的教育环境

网络因其技术性、影响力和普及性的快速发展，呈现出工具性和社会性的双重性质，人们在实际的生产生活中，既会将网络当成一种工具，也会将网络当作开展各类活动的场所。网络作为工具，其影响范围有限，不会产生更多的心理健康问题；但如果网络成为一种新的社会环境，就会从文化、伦理和观念上产生心理影响。在今天，网络可以成为社会中大部分生产生活的应用环境，其中也包括教育环境。高校在教育过程中不得不积极地应用网络环境，实现教育工作的线上线下融合、现实与虚拟融合。作为一种新的教育环境，网络势必会引起教学观、学生观和教育模式的改变，并且所有教育者都应该认识到网络环境带来的消极和负面影响。

网络教育环境呈现出数字化、虚拟化的特点。通过将传统教育资源的数字化和对数字资源本身的开发，网络能够对教学活动进行虚拟化的呈现。从积极的角度来看，网络能够帮助学校获取新的学术和教育信息，可以加快信息传播，实现课程内容、教学方法的新变革。同时，网络能够加快教学主体的转变，让学生能够成为学习的主人，加强了教师和学生之间的互动性。在网络心理健康教育改革过程中，如果高校能够整合网络中的资源，主动地进行教育模式的变革，则更有利于学生的发展。从消极的角度来看，网络环境对于心理健康教育的威胁是较大的，各类新问题层出不穷，给学生心理健康成长带来了许多隐患。

2. 网络心理健康教育的主客体关系

高校网络心理健康教育需要协调好主客体关系，其中主要是教师与学生之间的关系。围绕网络环境所开展的心理健康教育，同其他的高校教学活动也有着本质上的相似性，符合一般的教育教学规律。在网络环境下，心理健康教育呈现出主客体互动性强、虚拟性强的新特征，要在新的网络环境下，构建主客体关系的动态性。主客体形成的互动，也需要在现实的教学场景和网络虚拟化的教学场景共同来进行。从信息传播的角度来看，网络中的教育工作者会成为特殊的把关人，这些主体需要收集、加工与网络教育有关的信息，对受教育者进行信息把关，采用信息传播的方式来进行教育。与此同时，网络的互动性也会改变信息把关人的身份，让主客体经常处于翻转的状态。作为受教育者的学生，也有能力在网络平台上进行信息加工和传播。作为主要教育工作者的教师，不仅要采用传统的方法对学生进行知识信息的灌输，还要更加重视信息的选择和引导，实现以学生为主体，让教师能够成为引导者和帮助者。

学生是传统意义上的教育客体，是受教育的对象。尽管学生在网络环境下能够以用户的形式产生新的虚拟身份，但学生在现实中产生的心理诉求依然是网络心理健康教育所重点关注的对象。大学生不仅在网络中具有主体性地位，而且在现实的高校教育体系中也具有主体性地位。无论是在网络还是在现实环境中，大学生都需要通过自主学习、自我管理来达成教育的目的。网络教育环境能够进一步拉近教师和学生之间地位的平等性，使教师不再只通过对课堂的掌控来达成教育目标。平等的主客体关系，促使教师必须要与学生进行充分交流，能够取得学生的信任，并且让自己的教学内容和方法更容易被学生所接受。教师还需要在网络教学中尽可能地获得关注度，这样才能达成教育目的。

3. 网络心理健康教育的教育内容

结合大学生新出现的网络心理问题，高校的心理健康教育内容需要关注学生的心理健康，解决网络中的心理难题。一是利用网络平台创造网络化心理学课程内容，加强心理健康知识方面的传播，并且创造网络微课、社区心理问题互动、网络专题研究等新内容。二是结合大学生网络用户和网络心理问题，开展心理咨询、教育服务，重点关注大学生人格意识发展、人际关系发展和求职就业等问题。三是围绕大学生对网络的使用问题，关心大学生网络身心健康，矫正网络依赖性、成瘾性，指导学生科学上网。

4. 网络心理健康教育的教育方法

大学生网络心理健康教育在方法上既包含了传统的方法，也包含在网络条件下新方法的创造，同时还需要改变已经落后的方法体系。教育方法应融合信息技术的发展，实现信息化，能够加强对于社交网络、大数据、人工智能等新技术的应用。

在方法上，网络心理健康教育具有许多创新性的特征。一是要追求更多的互动式方法，使其满足网络环境需求。教师在教学过程中，更应该通过与学生的平等交流和互动来实现教育引导，要尽量少地进行知识灌输。二是注重网络的虚拟性，打破传统课堂教学的限制，从多方面进行方法创新。三是结合网络信息传播的特点，注重课程内容的实效化、微型化和碎片化。

（三）网络心理健康教育的特征

网络心理健康教育的出现，并不会否定传统的心理健康教育，而是对于不适应的教育内容和方法进行扬弃，并且结合新的环境和问题创造出新的教育内容及方法。网络心理健康教育的发展将会越来越适应网络发展环境和网络使用人群，表现出心理健康教育的现代化和未来趋势。为此，高校应该在大学生网络心理健康教育的前提下，对其特征进行分析。

1. 教育主体非固定化

网络环境会将所有的使用者都当作用户群体，无论这一群体是机构还是个人，都具有一定的主体性。在网络心理健康教育方面，其主体也是非固定的，不是单纯的教育者与被教育者的关系，而是不同用户的互动关系。结合网络环境的特点，教育的主客体也呈现出网络化的结构，显示为多元主体和去主体倾向。作为传统教育者的教师，其在网络中也必须形成新的虚拟身份，其发起的教育活动也应围绕网络规则来重新得到用户认可，并且要借助信息的价值和教学方法来重新获得教师的权威。在心理健康教育方面，网络中的任何用户都可以成为教育主体，并伴随着从主体到客体的转化。具体来说，一名网络教育者也同时属于学习者，其需要通过知识信息的共享、互动来进行学习，通过知识的传播来成为教育者。

高校教师要想在网络中达到教育的成效，则需要对受教育对象给予高度的尊重，要用自己的能力来打动所有用户。心理健康教育要能够更加体现出人文关怀，要让教师能够更深入地关心大学生成长，了解他们的心理需求，满足他们的学习兴趣，只有这样才能达到理想的教育成效。

网络环境下的教育主体变化，并不会改变教师在教育体系中的作用，而是重点体现在师生关系方面的改变。高校不应陷入唯学生主体的误区，使心理健康教育缺少了教师的作用，也不能让社会中的其他主体替代教师的作用。教师在学生心理健康发展过程中，起到的是帮助、引导的作用，要能够成为学生成长过程中的协助者。同时，在教育过程中，教师对于学生的心理帮助和情感关怀是十分重要的，在大学生心理走向成熟、稳定的过程中，起到不可替代的作用。

2. 教育客体的能动性

网络环境下的心理健康教育，其主要客体是广大学生，同时按照课程改革的要求，学生这一客体还具有主体的地位，即要通过学生的主动学习、创造性学习来进行自我教育，在高校的教育体系中发挥重要作用。网络化的心理健康教育让学生的主体性进一步放大，加快了学生与教师的地位平等化和交流的双向化。因此，通过网络技术和网络环境的普及，学生与教师的关系被深刻地改变，这是传统的教育模式难以实现的成果。

　　大学生在网络环境下的心理健康教育过程中，可以按照自己的实际需求来进行信息反馈，各类网络工具能够智能化地为学生选择相关的信息。大学生作为重要的网络用户，在网络中的使用程度往往超过教师，因而学生也经常成为重要的信息传播者。大学生在相关社区中也有能力成立心理问题的互动社群，通过互相咨询与学习来达到一些心理健康教育目标。从心理知识传播和心理咨询的角度看，任何一名网络用户都有条件成为帮助者和被帮助者，在网络空间的支持下构建了"自助、互助、他助"相互转化的心理教育模式。

　　传统的心理教育工作者必须要关注教育客体产生的变化，如果高校心理健康教育无法满足学生的需求，无法提供有效的帮助，那么，大学生会不再信任高校所提供的教育和服务，转而更加信任网络。同时，教师等心理工作者依然需要关注大学生在网络环境下出现的新问题，通过心理研究和健康教育来消除网络带来的负面影响。

　　3. 教育内容的多元化

　　网络心理健康教育在传统心理学知识的基础上，增加了与网络相关的新内容。这些新内容一方面来自于网络环境下的心理问题形成的研究成果；另一方面则来自于网络中各个学科的信息融合，形成可以被用于心理健康教育的内容体系。

　　（1）网络心理健康教育的内容呈现出多媒体的特征，网络多媒体能够融合其他的传统媒体内容。其中大数据、交互式媒体和自创性质的内容都会被转化为心理健康教育的新内容。同时，这些内容也是立体化、动态化的，其变化和传播效率更加快捷。

　　（2）网络平台对信息既可以形成集成，也可以形成扩展。信息内容的加工者、传播者都倾向于让信息内容能够吸引用户的注意，从而增强了知识信息的趣味性和形象性。例如，人们可以通过动画、视频演示等方式来设计课程内容。

　　（3）网络中的教育内容呈现为有价值信息和无效信息平行发展的状态。在大学生心理健康方面，网络中的许多内容都会产生负面作用，给大学生心理上、思维上和价值观上带来更多的负面影响。一些错误的、无意义的信息会经过网络快速传播，极大地破坏了网络信息的价值含量。同时，网络信息在传播过程中也难以掌控，需要相关部门和学校能够加强信息管理。

4.教育方法具有现代性

网络平台能够成为一种新型的教学实施空间，从而让传统的课堂教学模式发生改变。受到网络技术的影响，高校的心理健康教育方法也实现了信息化，主要体现为信息能够实现双向互动、线上与线下实现充分融合。随着学生主体地位提升，教育的民主化、平等化和开放化也能进一步实现。

我国的信息化要实现各个行业的信息化，其中高等教育信息化是提高自主创新能力、提高人才培养质量的关键。网络环境下的大学生心理健康教育，要加快追赶信息化趋势，体现心理工作的现代性和时代性。高校应该在传统的心理服务中心基础上，进一步发展心理健康的网络平台，其中包括心理咨询教育网站、心理互动社交媒体、心理健康教育的软件等。在平台基础上，还应该加强大数据、人工智能等技术的应用，重视对大学生进行数字化心理检测。

5.教育活动具有网络性

网络平台的发展，能够支持传统的教学活动实现虚拟化和数字化。同时，网络中的教育活动也会比传统教育更加丰富，产生了更多的组织形式。

（1）网络中的教育活动可以突破传统教育在时空上的限制。传统的教育即学校课堂教育，要在教师的主导下，利用专门的场地来进行。课堂组织的方式具有固定性，包括固定的课堂时间和预设的教学内容。对于学习者来说，网络中的教育活动可以不受时间和空间的限制，让学习者能够自主地选择内容和时间。人们可以将传统的课堂教学以数字化视频的方式传播到网络中，可以让用户自主地安排课程学习，也可以按照网络信息传播的特点，创造如微课、图文信息、动画演示等新的教学内容。在心理健康教育方面，学习者可以不受限制地在网络中寻求心理帮助，从而让咨询和学习更有灵活性。另外，借助网络社交媒体，人们可以进行一对一的交流，这对于心理健康教育是十分重要的。高校在网络平台上，能够改变心理健康教育的集体授课情况，让教师能够与大学生进行一对一的互动交流。

（2）网络平台能够提供更大的信息空间，体现出教育活动的多样性。网络中主要承载的是数字信息，形成了大数据的信息基础，这种信息量要比传统的任何空间都要庞大。信息量的庞大在于能够容纳大部分的信息，能够基本满足人们的各项需求。大学生在进行心理问题咨询时，可以通过搜索引擎或其他平台来寻求帮助，智能化的信息平台能够按照其需求检索各个类型的信息内容。通过对信息的筛选,大学生通常能够获得有关专家的帮助。网络中的数字信息传播是实时性的,各类检索引擎都能够快速地帮助用户来寻找信息。如果大学生针对某些突发问题来寻求帮助,通常也会快速地得到反馈。

（3）网络中的教育活动能够体现更强的互动性,从而改变教师与学生之间的互动关系。在心理教学过程中,许多大学生会因为对心理问题的恐惧而不愿意接受教师的帮助。而在网络环境下,双方之间的隐蔽性和互动性能够让大学生破除心理上的防线,从而与教师和其他帮助者进行交流。同时,教育活动的设计,也可以实现线上和线下的融合,除了进行传统的课堂教学外,教师能够利用信息多媒体技术来设计交互性强的内容。另外,在人工智能的帮助下,许多软件和平台能够对用户进行智能化的信息帮助,实现了人机的强互动。例如,大学生可以对一些基础性的心理问题进行人机咨询,智能系统会根据用户提出的问题来提供答案,这样可以消除人与人交流产生的陌生感、隔阂感。

（4）网络中的心理健康教育让个性化教育、隐蔽化教育得以实现。大学生在使用网络平台过程中,可以按照网络的特点,实现自助式的信息查询,其中一对一的专家服务、一般性的信息服务、自主知识学习及网络互助活动都能够实现。这样,在很大程度上,网络环境实现了心理教育和心理咨询服务的个性化,大学生所进行的心理咨询方式是掌握在自己手中的,其所提出的问题也是个性化的。另外,网络用户的虚拟性让传统意义上的心理咨询工作进一步实现了隐蔽化,切实保护了求助者的隐私。在虚拟环境下,大学生通常会更深入地吐露自己的问题,也可以更好地保护受咨询者的隐私。

二、高校网络心理健康教育体系

（一）高校网络心理健康教育体系的含义

体系主要是指一类事务或社会活动在内外要素上进行的组成方式,并且让构成要素产生重要功能的有机体。教育事业的发展有着自身的构成体系,并且教育体系随着构成要素的更新也会向前发展,以便能够适应教育需求。高校在心理健康教育体系中,由于网络因素的出现,带来了技术上、需求上和环境上的变革,从而形成了新的体系内涵。网络心理健康教育是随着网络的发展而不断发展的,到了当前阶段已经发生了很大的改变。另外,由于网络技术的发展十分迅速,而教育体系的发展则存在滞后性，因而在当前的网络环境中，网络心理教育体系依然不够完善，无法充分满足大学生心理健康成长的要求。因此，在新的环境下，高校需要加强大学生网络心理健康教育的体系建设，要让内外要素更合理地发挥其功能性。

大学生网络心理健康教育体系在完善过程中，需要将整体体系、子系统和具体的实施内容整合起来，从宏观到微观体系上关注大学生心理成长，形成符合时代要求的教育体系。一是教育体系当中的内容体系要进行完善。在网络环境下，心理健康教育增加了许多与网络环境和网络技术相关的内容。而大学生在心理成长过程中，所产生的需求也发生了很大的改变，导致了传统心理教育内容不能适应的问题。二是心理健康教育的各个子系统要实现协调发展。网络心理健康教育体系中包含着理论体系、技术体系、管理体系、目标体系等，各个子系统之间只有实现协同发展，才能确保整体教育体系的功能得到完善。在这一过程中，高校和理论界则需要重视对各个子系统问题的研究。三是构建网络心理健康教育的资源整合系统。网络心理健康教育的内部系统要实现各个要素的整合，从而确保教育目标与教育实施过程保持一致，让教学活动中的教师和学生形成良性互动。针对网络环境下的新要素，要实现线上、线下各类要素的整合，形成多元协同的教育教学模式。四是网络心理健康教育系统要面向大学生全面发展的要求，体现以学生为中心的功能性。网络心理健康教育的实施，要重点关注大学生在网络时代产生的新问题，集中于大学生的学业和职业发展，集中于大学生的全面素质发展，逐渐完善教育体系结构。五是重视理论与实践的整体发展。高校网络心理健康教育要实现理论创新，能够构建网络视野下的心理学、教育学理论体系，并在实践过程中实现技术、方法的变革。高校的教师队伍要能够成为理论和实践创新的主要力量，在网络心理问题研究、信息网络应用和大学生网络心理咨询方面发挥主观能动性，产生引领性。

（二）高校网络心理健康教育体系的特征

第一，体现网络心理健康教育的开放性。网络环境本身存在着开放性的特征，能够让所有用户突破所在时空、行业和身份的限制，在无边界的整体平台上参与网络活动。同时，网络中的各类资源也是面向用户开放共享的，只要拥有相应权限，就能够获取一定的信息资源。网络心理健康教育的开放性则是体现在心理咨询和教育体系能够面向各类用户开放，并且实现了与各个社会层次的融合。同时，高校的网络心理健康教育也不会局限于学校范围内，而是在整个社会环境中进行开放的，其中的参与者也涵盖了高校师生和社会中的从业者。

第二，体现网络心理健康教育的创新性。创新是网络技术和互联网经济得以发展的根本驱动力，也将成为网络心理健康教育的重要特征。心理教育的创新主要体现在所有的参与主体应该在网络环境下进行理论、技术和方法上的研发，要关注新出现的课题，使用创新手段来解决大学生的心理问题。另外，心理教育要在整体的理论体系、学科体系上实现理论创新，要改变传统的心理学模式，使心理学的发展能够适应网络环境。

第三，体现网络心理健康教育的综合性。网络本身就是一个综合性的平台，几乎集合了社会中所有的生产生活方式。网络心理健康教育的综合性体现在要在网络中实现多个理论和方法的整合，按照网络要素来重新构建心理教育体系。在实际工作中，高校教师需要将网络中使用的理论、技术和方法应用在心理教育工作当中。

第四，体现网络心理健康教育的实用性。实用性体现在能够关注学生的身心发展问题，能够发现新问题并切实解决问题。一方面，高校要针对大学生使用网络的情况和网络化心理工作的实际经验，加强对于实际问题的研究。另一方面，高校所采用的方法必须实用，能够得到大学生群体的认可，帮助他们解决实际问题，进而在大学生上网、大学生心理成长、大学生的人生发展上体现价值。

（三）高校网络心理健康教育体系的内容

高校网络心理健康教育体系在构成内容上融合了传统的心理健康体系的要素，并且还要融合网络环境下出现的新要素。

1. 网络心理健康教育的目标确立

在教育目标上，网络心理健康教育体系与传统的心理健康教育在目标性上基本一致，同时也对目标进行了扩展。整体目标体系主要是能够实现大学生心理健康的发展，同时也包含大学生能够正确认识网络、利用网络、避免网络的不良影响等的具体目标。整体目标和具体目标之间存在互动关系。

在目标体系的基础上，围绕网络中的心理健康教育，还应该包括对大学生的发展目标、预防目标和治疗目标。结合目标需要构建心理健康教育的理论和方法，包括网络条件下的心理知识教学、心理辅导、心理问题研究等。在技术上要充分利用网络信息技术，构建主客体的互动方式，创新发展心理健康教育的方法体系等。

2. 网络心理健康教育的现实依据

教育的信息化和网络在高校各个领域中的应用是网络心理健康教育发展起来的现实依据。网络的应用具有积极和消极两个方面的影响，使得大学生在日常生活中对于网络产生了较深的依赖性。因此，网络心理健康教育重点研究网络与大学生心理健康之间的关系，分析其带来的积极和消极影响。高校应该结合新问题，着重收集大学生对于网络的使用情况和网络对于大学生产生的影响情况，从而为网络心理健康教育构建理论提供依据和现实方法。

3. 网络心理健康教育的理论依据

任何一种学科的发展都是通过理论的完善来实现的，而学科的形成是从现代社会人们对于世界的认识出发的，从而将人的认识体系划分出不同的学科。学科在发展过程中，也会形成相互联系的理论依据，让学科体现出理论和方法上的交叉性。从心理学的理论发展来看，心理学先是从其他的学科中独立出来，进而形成了自身的基本原理和实践指导理论。而随着科学技术的发展，心理学又实现了与许多学科的交叉融合。在网络环境下，这种融合的进程也在加快。

网络环境和信息技术能够让心理健康教育的理论依据更加丰富，并充分吸收了信息技术、数字技术和社会学中的前沿理论成果。这样，不同的学科也能够从多个学科的视角来看待心理健康教育问题。

4. 网络心理健康教育的对象分析

高校网络心理健康教育的主要对象是大学生，所有的教学内容都需要建立在大学生心理发展和心理问题的基础上。心理健康教育的对象分析则是要研究分析大学生与网络之间的关系，发现网络环境下大学生产生的心理问题。在分析过程中，高校教师需要采取以下办法：一是要对大学生使用网络情况和网络本身存在的环境问题做出调研和分析，着重找到网络对于大学生心理健康的负面影响，通过心理健康教育来解决这些问题。二是让大学生能够在网络环境下提高心理健康水平，通过正确使用网络来获得能力素质的提升。具体来说，要利用好网络工具，让大学生构建学习心理，提高自主学习能力；要关注网络的交际功能，提高大学生人际交往的能力。三是关注大学生网络成瘾的问题，运用新兴和传统的心理教育理论，逐渐去除网络对大学生产生的心理危害。要深入研究应对网络心理问题的对策，让网络环境下的心理咨询和干预能够形成体系。

5. 网络心理健康教育的内容和方法

在内容和方法上，高校网络心理健康教育应当分析大学生在网络中的心理需要，从知识传播、心理咨询等方面促进大学生的健康发展。一是让传统心理健康教育的内容得到丰富，采取传统心理学的知识来满足大学生在网络中的需要。二是在网络中积极开展心理健康宣传活动，加快心理知识的传播能力。三是借助网络工具的便捷性、互动性来为大学生提供心理咨询，其中包括网络心理中心的建立、网络社交平台的应用等。另外，高校网络心理健康教育的内容应关注大学生对于社会和网络的适应性需求，侧重于解决大学生在成长适应过程中所遇到的各种心理问题。

6. 网络心理健康教育的实施和评估

网络心理健康教育应具有对实施过程和教育成果的评估体系，从而让教师能够发现网络心理健康教育出现的问题。一是通过评估体系的建立，让网络心理教育能够产生反馈机制，重点在于大学生对于实际教学过程的反馈。二是要结合网络环境和大学生需求来创建新的评估标准，避免网络心理健康教育无法产生实际作用。三是评估的过程需要结合网络平台建设来进行，要通过网络中的信息调查和心理测试来获取数据，要加强教师与学生的互动，从而实现反馈信息的双向沟通。

同时，要结合网络环境实施工作，构建心理健康教育队伍。网络心理健康教育队伍对于人才有着特殊的要求，不仅要求相关工作者能够了解心理学理论和知识，还能够掌握信息技术，了解网络运营和管理。教师队伍要能够具有在线教学设计的能力，通过大数据平台、社交网络平台等向学生提供服务。同时，人才队伍也要同大学生一样能够融入网络文化，适应网络环境，在大学生使用网络过程中能够起到指导作用。因此，高校应该重视年轻心理工作者队伍的培养，进一步吸收一批具有数字信息能力的人才队伍。

　　网络心理健康教育的评估工作是进行信息反馈和教育质量评价的关键环节。评估体系的建设也应该注意两个方面：一方面是结合网络心理健康教育的目标、内容和任务，构建评价的标准，能够对高校的网络心理健康教育工作开展全过程的评价和监督。另一方面是结合网络的特点来建立评估机制，需要发挥大学生等网络用户的评估作用，让大学生在信息的反馈和评估上更具有主动性。[①]

①　唐琳. 网络环境下大学生心理健康教育研究 [M]. 成都：西南交通大学出版社，2018.

第三章　大学生自我意识与健康人格

第一节　大学生自我意识培养

一、大学生自我意识概述

人的自我意识的产生，主要是表现为能够充分认识自己的人格特征，从心理、行为等方面产生自我认知和体验。自我意识产生的机制是较为复杂的，需要个体经过长时间的身体发育和受教育的过程。

（一）自我意识的层次

1. 形式角度

按照自我意识形成的形式来看，自我意识包含了认知、体验和调控三个层面的结构。在认知方面，自我意识的形成在于能够产生自我认知，这是自我意识形成和发展的基础。自我认知主要是个体能够接受自己，产生对自己身心状况的判断，形成对自己的预期。自我体验主要是能够在自我意识的驱动下，产生对于个人生活的经验，不断丰富自己的知识结构和社会经验。个人通过多方面的体验，能够形成对自我心理上的情感，产生了自尊、自信等心理状态。自我调控是在自我意识形成之后，能够按照个人的个性特征来做出个人选择，并且能够在心理的动态变化过程中产生自我调节。

2. 内容角度

按照自我意识内容的划分，可以将自我意识归纳为生理、心理和社会层次三个方面。在生理方面，个体在走向成熟后，要能够对个人的身体形态、外形、健康状况产生理解和分析，并认可自己的形态特征。在心理方面，个人也要能够了解自己的性格，也需要在心理状况上进行调节。在社会方面，社会自我意识的形成在于个人对于社会环境的不断适应，能够把握自己在人际关系中的定位，形成社会交往能力和参与社会实践的能力。

3. 自我观念

自我意识包含了个人对于自我的认知和感受，将其总结为自我观念，也可以看成是一种个人的成长观或发展观。其中包含了三个层次的内容，即对自我现状的意识、对自我心理产生的投射、对自我理想状态的判断。自我现状是一个人在某个人生阶段产生的现实状态，能够在心理和认知上切实地了解这种现实情况，形成对个人优缺点的清晰认知。自我心理投射，主要是个人借助与他人产生的关系，通过他人的反馈和投射产生的个人形象认知。当人们能够与别人产生关系时，就会比较在意自己在他人心中产生的印象，包括别人对于自己的评价等，借助这种投射，个人的意识也会得到增强和改变。理想中的自我意识是个体对于未来发展状态的预期，能够影响个体在心理、外形和行为等方面的成长过程。人们通常会按照理想自我观念来规划自己的人生，让自己能够不断地达到理想状态。

"认识你自己"是一句十分古老的心理格言，对于人的发展具有十分重要的意义。人具有自主意识的重要依据就是能够认识自己，不断地进行自我反思、自我剖析和自我规划。从认识自己开始，人才能成为独立的人，看到自己与其他人的区别。个体只有能够产生清晰、正确的自我认知，才有条件深入地加入群体，建立与世界的联系。并且在认识自我的前提下，个体才能更好地认识他人与社会。心理学当中许多不健康问题的根源，就在于个体对于自我认知产生了偏离，出现了认知上的错误，导致了自我意识始终无法完善，个体对于自己的能力、优缺点和预期都出现了偏差，造成了心理失衡。

（二）自我意识的结构

按照心理学的观点，自我意识具有主客体的双重结构，来自于人的主观认识和个体的客观存在两个方面。个体的自我意识在客观上的存在，能够在客观物质世界中充分地反映一个人的地位、状态和身份等。客观的自我意识包含了物质、社会、精神三个层次。

1. 物质

物质上的自我意识结构，包含了在身体上个人的构成。除了个人的生理结构，个人所具有的物质条件、形成的客观的人际关系等，都能反映出一个人的状态。例如，一个人具有的强壮或美丽的外观形态，能够充分地凸显一个人的客观存在。

2. 社会

人是在社会关系中得到成长和发展的，一个人的存在也需要体现在社会环境中的身份和地位。例如，一个人在人际交往中所处的位置，其话语产生的分量，能够充分彰显个人的自我意识。

3. 精神

精神上的自我意识主要是个体在智力、知识结构、人格魅力、精神追求等方面形成的自我意识总和。精神上的自我意识具有一定的主观性，也存在着客观性，包含了人的主观追求和情感体验，也包含个人理想自我在现实环境下的实现程度。

自我意识的形成和发展，需要个体能够将物质性、社会性、精神性的多重结构综合起来，产生自我的科学认知，构建自己在他人中的形象，并且通过学习和实践来争取在理想状态下的追求。

（三）自我意识的作用

1. 自我意识对心理健康的作用

个人自我意识能够直接影响人的心理状况，给心理健康带来或积极或消极的影响。通常来说，个体能够形成完善的自我意识，对于心理健康会带来积极的影响力；而如果个体在自我意识上不成熟或不健康，就有可能成为心理问题产生的根源。例如，自我意识能够影响个体对于自我和外界环境的认知，在个人情绪上产生作用。如果自我意识较为成熟，会表现出更强的意志力，对于生活产生乐观态度，更容易奠定心理健康的根基。反之，则会让个体容易出现自我怀疑，形成消极、不自信等心理状况。

自我意识的形成与个体对外界环境的反馈有着一定关系。例如，大学生在不良的外界环境下，会让自我意识在成长过程中产生更多的挫折，心理上则会出现消极情绪，会因为在外界环境下受挫而对自己的能力产生怀疑。

2. 自我意识对学习与工作的作用

自我意识在个体心理上表现为自尊与自信能力的形成。自尊是个人能够形成对自我的认可，能够认同自己形成的性格、兴趣，维护个人的尊严。自尊心的形成是自我意识不断巩固的具体体现。在产生了自尊心后，个体就会为了维护自尊心而不断学习和实践。在良好的环境下，每个人的自尊心都应该受到尊重，从而形成健康的心理氛围。自信是个体在个人的心理诉求不断满足后所产生的心理反馈。大学生自信心的形成，来自于对自我产生科学的认知，能够在科学、理性的基础上建立自信。但大学生也经常陷入自信心过剩或不足的情况，如果过度自信，大学生就会对自己的发展脱离实际的预期，影响了自我意识的发展；如果缺乏自信心，大学生则会产生逃避、畏难等心理，不愿意面对生活中的压力，不敢于融入社会环境。

二、大学生自我意识的特质

（一）自我意识的矛盾性

大学生处于自我意识走向成熟的重要阶段，此阶段会让大学生在主观与客观、理想与现状之间出现诸多矛盾。这些矛盾会让大学生在心理健康程度和自我意识上出现不稳定性，如果不能及时得到引导、干预，则会容易衍生为心理问题。许多大学生在学习和初入社会阶段，会按照主观的和理想型的意愿来产生自我意识，然而客观上和现实中的情况通常不会满足大学生的心理诉求。如果处理不好这些矛盾，一些大学生就会陷入自我怀疑当中。

自我意识的矛盾性，会让大学生群体形成以下几种不同的自我意识特质。

1. 自我肯定型

自我肯定型的大学生在自尊和自信上的素质较强，能够对于自己在物质上、精神上的人格特质产生较强的认可度。在理想的自我意识上的预期更加强烈，而自己也有自信心去实现这种理想。如果出现了理想与现实的矛盾，这类大学生也更容易进行心理调节。

2. 自我矛盾型

自我矛盾型的大学生会经常处在对于现实和理想的矛盾情结中，心理上不够稳定。其影响是在学习和实践中缺乏持续性，自己的预期和诉求也会不断发生变化。

3. 自我否定型

自我否定是自信心不够坚定的一种表现，主要原因是在自我意识形成过程中，大学生对自我做出了过低的评估，难以正确发现自己的优势。这些大学生在理想的自我意识中缺少实现理想的信心，容易产生消极、逃避等状态。

4. 自我萎缩型

自我萎缩型是自我意识没有建立起来的一种表现，是一种更为严重的自我否定。表现为严重的自卑心理，主观上也不愿意形成某些理想型意愿，从而导致了自我意识难以向前发展。这种心理状况对于大学生是比较危险的，容易进一步衍化成为一种心理疾病。

（二）自我意识的独特性

自我意识在个体的内心世界居于中心地位，是让个体能够产生发展动力的重要源泉。个体在遭遇外界环境变化时，会集中精力来捍卫自我意识，避免使心理状况出现危机。大学生在成长过程中，也会出现自我意识过剩的状态，这样会导致他们过度地关注自我感受，容易忽视与外界环境的联系。有些大学生也不愿意改变自我意识，呈现出过度的防御状态，具体体现为不愿意接受他人意见、不顾及他人感受、对学校的社会化教育产生叛逆心理、对教师等社会人群产生不信任感等。

1. 过分追求完美

个体在实现理想中的自我意识过程中，会产生追求完美的心理状态，追求完美表现在对现状的不满足，对自我的高要求。这种状态也是人们能够不断产生创造力的心理要素。但如果个体对于自我意识和客观条件的认识不足，也会产生过于追求完美的状况。这种状况不是一种健康、平衡的心理状态，容易出现极端、强迫、缺少包容性等心理问题。一些人会因为对自我的过高要求，从而对周围的人和事也产生这样的要求，在心理上无法容纳他人和社会的不完美，无法容忍在学习和工作中出现的错误。如果过分追求完美，个体则很难建立良好的人际关系，也会因为忽略了理想实现的现实条件而经历许多失败。

2. 过度自卑

过度自卑在于个体无法认识到自我身上的某些长处，并且对于理想人格的发展产生怀疑心理。自卑心理是人们常见的一种心理状态，能够在一定程度上帮助人们进行心理反馈，调节心理状态，通常当个体遭遇了某些失败和挫折时，自卑心会随之出现。在健康情况下，自卑心理不会持续太久，当人们调整了心态，并重新取得成功或是调整了理想目标后，这种自卑心理会自然消失。但许多大学生在现实中会出现过度自卑的心理问题，表现为在较长的时间内对自我产生怀疑，在主观上无法看到自己的优点，而不断地去关注自己的不足。如果大学生缺少学习和进步，这种自卑心理会长期伴随大学生的人生进程。过度自卑的产生有些情况下来自于大学生童年和青少年时期的经历，有些情况下来自于性格特征，有些情况下则来自于客观物质条件的不足。

3. 过度自我接受

个人自我意识的形成，起初阶段是个人能够对自我的所有状况产生接受心理，进而形成了对自我的认可。自我接受不仅是要接受自己的优点，也要接受自己的缺点，能够正确地分析、评价自己的现实状况。许多大学生由于会产生过剩的自我意识，对自我的接受度也是过度的。这种心理状况表现为在多数事情上都是以自我为中心，过度强调自我感受、自我需求，甚至会产生极端利己的倾向，不会顾及他人的利益和感受。在生活中，这些个体难以融入集体生活，也会产生糟糕的人际关系，与他人的矛盾会不断加剧。许多大学生过度自我接受的根源在于其在成长过程中过度地得到了家人的宠溺，在父母的不断迁就下养成的心理习惯。

4. 以自我为中心

以自我为中心是许多大学生都存在的心理问题，主要是指大学生在语言和行动中以自我感受和自我利益为中心，无法平衡与他人的关系；在价值观形成的过程中，以自我的观念和个性来看待外部世界，无法做到客观性、科学性。许多大学生在家庭或社会环境的影响下，养成了极端利己的价值取向，会不顾一切地满足自我的需求，从主观或客观上损害了他人的利益。

三、大学生自我意识的完善过程

（一）正确评价自我

大学生的自我意识在完善的过程中，还需要通过学习和积累人生经验来实现。其中最为基础的就是能够形成正确的自我评价，大学生受到知识、能力或性格的限制，形成的自我意识往往是片面或极端的。许多大学生会产生过度的自信或过度地以自我为中心，产生的自我评价是不合理的。还有许多大学生往往只关注个人的片面素质，如喜好、动机、需求等，在内心构建了一个不完整的个人形象，这都不利于大学生的心理健康。

自我评价的关键不在于自己的主观意愿，而是需要通过个人在社会中的反馈来形成。其中，与他人进行的交流和建立的团队关系会有效地帮助大学生完成自我评价。他人的反馈来自于多个方面，也包含了许多片面、刻板和夸张的内容，然而如果大学生能够在自我分析中将外部的反馈集中起来，则更容易产生正确的自我评价。

（二）增强调控能力

自我意识的成熟，表现在大学生能够形成相对稳定且平衡发展的完善过程，能够按照自我意识来实现调控和管理。其中，大学生需要做好对个人思想、行为的管理。一是能够为自己确立一定的发展目标，能够要求自己为了实现目标而努力。二是能够对自己的外在行动和内在想法做出管理，能够要求自己去改变坏的性格和习惯，为了实现自我意识的成长而努力。三是能够做出心理、情绪上的调节，让自己在生活中处于紧张和放松的协调状况，让心理保持动态的健康水平。

自我调控还体现在大学生能够正确处理个人与环境的关系，能够在环境的干扰下保持自己的意识品质呈现稳定性。例如，一些大学生由热爱学习的性格转变为沉迷网络，是受到了身边人的影响。但如果大学生能够具有很强的调控能力，就可以让自己避免这种影响。

（三）注重积极体验

让自己获得积极的体验，是构建自尊和自信的重要途径。积极体验包括情感上的满足感、生活上的成功体验和他人对于自己的正面反馈等。积极的体验在于大学生能够积极地投身于身边的环境，包括参加校园活动、积极进行人际交往及生活经验的积累等。

总之，大学生在学习期间，要随着受教育程度的提高和个人经验、能力的积累，完成对自我意识的培养。自我意识一方面在于大学生自我的不断认识和不断努力；还在于高校和教师能够帮助他们进行自我完善，要给大学生创造良好的学习、生活环境，引导大学生走向社会，在复杂的环境中获得反馈和体验，锻炼大学生的意志品质，帮助其树立人生发展的理想信念。

第二节　大学生健康人格培养

一、人格的内涵

人格是一种个人独立于其他人所展现出来的精神面貌，包含个人在意志、情感、性格等方面的精神状态的集合。人格在心理学意义上也有着健全和不健全之分，健康的人格主要是个体能够形成具有积极发展和积极作用的人格形态。还有一种观点认为，健康人格主要是个体能够健全地发挥心智和精神功能，在个体内部机制和外部关系上保持适应和发展的状态。人格也在客观环境中被体现出来，拥有健康人格的人会产生更好的环境适应性，能够理解世界与其他个体，能够推动自我人格来解决发展中的问题。

从特征的角度来看，人格包含了以下几种内涵。

（一）独特性

人格确保了一个个体能够从人类群体中保持独立性，使个体能够用独立的人格在社会中构成社会关系。如果缺失了独立人格，那么人类社会的构成也是不成立的。每个人的独特性也同样体现在人格独特性方面，人类社会中不存在两个完全相同的人格。人格独立性的形成，是通过多元的影响因素来体现的，如遗传基因、成长环境、受教育情况、经济情况和自我意识的养成都会让个人产生独立的人格。人虽然在思想、行为、道德和价值取向上会产生很多共性，但在人格上是始终独立的。

（二）稳定性

人格在形成之后，就具有很强的稳定性，个体从心理上就会自发地去维护独立性和稳定性。稳定性确保了一个人能够长时间地保持独立和一致，让自我意志不断得到强化。人格通常不会因为人们所处的环境、身份、精力等的改变而发生改变，在不同的情境下，人们通常都不会改变自己的人格。人格同样具有发展性和可塑性，人们在受教育过程或生活经历完善过程中，会将一些新的人格特征融合在已经形成的人格当中。

（三）统合性

人格是多种精神属性的整合，使其以人的个体为整合体，保持人格上的完整性。健康人格的形成，就在于其在内部能够将许多种人格特征融合在一起，保持了整体上的一致性。当人的心理出现问题或是患上严重的精神疾病时，人格的完整性会受到破坏，体现为多种精神要素的冲突。

（四）社会性

由于人是在社会关系中存在的，因此人格具有社会性特征。人格能够影响个体在社会群体中的存在方式，而社会也在塑造着不同的人格，因而人格不能脱离社会而存在。人格是否健康也能在个人能否适应社会环境中体现出来。例如，当一个人缺少了人格上的独立性，那么他有可能在与他人的相处过程中，继续丧失这种独立性，变得意志不够坚定，容易产生盲从心理，对个人的生活会越来越迷茫。

二、人格的特质理论

为了研究人格形成的过程，分析人格产生的精神结构，心理学一一直在进行人格特质方面的研究。人格特质理论是关于人格研究的最主要理论流派，反映了个体所具有的精神特质，并且人们将会用不同的特质来决定行为，从而表现出不同的人格。

（一）奥尔波特的人格特质理论

美国心理学家奥尔波特在反驳了弗洛伊德的精神分析学说之后，通过实证经验，归纳了人格特质的理论基础，并且主张以特质来区分人格。奥尔波特在其研究中，将人格的特质划分为共同特质和个体特质两种类型。其中共同特质是在社会环境中不同的个体所形成的具有共性的人格特性要素，是一种社会文化中的心理倾向。个体特质则是一个人身上存在的具有区别于其他人的独特人格，能够显示出一个人的个性特点。在个体的特质中，包含了多种不同的元素。其中主要的特质部分具有鲜明的支配作用，影响了一个人的内在和外在。除主要的特质外，一个人身上还有许多不够鲜明的人格特质，在不同的环境下，这些特质也能被显示出来。

个体的人格特质具有以下几种鲜明的特点。

①人们在生活中养成的一些习惯会成长为人格上的特质。习惯是一种浅层次的心理作用和行为，能够反映出特质，也能够转化为某种特质。例如，如果一名儿童从小就养成了热爱个人卫生和环境卫生的生活习惯，经过长期坚持，当儿童成年之后，爱干净就有可能成为其人格特质的一个显著特征。

②特质能够引导人们的行为。人的许多行为都是在心理和思想层面上驱动的，人格上的特质更能够引导人采取某些符合特质的行为，可以转化为实现个人目标的动机。

③在测试个体的特质时，人们需要通过其行为来得到证实。许多特质都是潜藏在个体的内心世界的，只有通过行为表现出来，其他人才能够总结出特质规律。

④不同的特质要素之间也存在着独立性。在完整的人格体系中，会拥有许多种不同层次的精神要素。所有的要素集合起来才构成一个人的人格特质。这些要素会互相影响，但在结构上是保持独立性的。

⑤人格上的特质与社会中形成的思想道德标准是不能等同的。许多人格上的特质不能用是否符合道德来衡量。

⑥人格特质可能与人的外在表现呈现相反的特征。

（二）艾森克人格特质理论

心理学家艾森克在分析特质理论时，注重将人格特质划分为不同的结构，主要包括人格的外向与内向的区分、神经质的区分、精神质的区分等。一般来说，外向人格会在人际交往上有着更多诉求，通过与别人产生的交集让心理得到满足；而内向特质的人群则更愿意保持自己个体的独立性。神经质人格主要是在个性和情绪上难以保持稳定；稳定型的人格具有相反的心理表现。精神质的人格则更加独立，对外界环境的适应力较差，常常出现过于冷漠、无情、心理防御过强的特点。

（三）大五人格模型

按照人格特质的理论，心理学界还在艾森克等心理学家形成的人格特质基础上创造了大五人格模型，即外向性、宜人性、尽责性、神经质和开放性五种人格特质。外向性主要体现在个体与他人的关系上，外向性较高的人格更愿意与其他人建立关系，而外向性不高的人则相反。宜人性则反映在个体是否能够具有同理心和利他的心理取向，也体现在个体能否产生更高的社会责任感。尽责性则是人格中关于个体在公正性、责任精神和自律性等方面的特质。神经质则主要分析个体在心理、情绪上的稳定状态，体现为许多压力和负面情绪在个体身上的反映。

三、大学生的人格偏差问题

（一）大学生常见的人格偏差

人格偏差是人格处于不健康、不完善状态的反映，突出表现为许多不健康的心理状态在人格特质中占据了支配地位。表现为自卑、抑郁、孤僻、冷漠、懒散、拖拉、粗心、鲁莽、急躁、骄傲、虚荣、害羞、猜疑、悲观、冲动、自我中心等，这里主要分析较为常见的情况，即多疑、懒散、偏激、狭隘、怯懦、依赖。

①多疑，体现为个体对于他人和外部环境产生了过高的怀疑心理，对他人的戒备心较强，难以在群体中建立信任关系。

②懒散，主要是个体在生活中不愿意将一些目标和职责付诸行动。对自我过于放纵，贪图生活上的享受。

③偏激，这种偏差体现为无法正确地认识自我和外部环境，对世界形成的思想认识具有很强的主观性和片面性。

④狭隘，主要是指人格上缺乏远见，容易急功近利、对小事斤斤计较。

⑤怯懦，指个体在人格上不能坚持自我，容易受到其他人的影响而改变自己。同时，在生活中对于一些困难和压力缺少面对的勇气。

⑥依赖，主要是个体在成年后依然对于家人、朋友产生依赖心理，在许多个人的事情上都需要借助其他人的帮助。

目前的大学生群体受到个人和外界因素的影响，也会产生人格上的偏差。但人格上的偏差不等同于心理上的疾病，而是人格不够健康的表现。通过分析这些偏差，高校就能够更好地帮助大学生完善自我，实现健康成长。

（二）大学生常见的人格障碍

人格障碍是指人格偏差发展成为病态的人格特质所形成的不健康人格，主要是指个体的人格严重影响了心理健康和行为。因此，从心理学的角度来看，人格障碍是一种异常人格或是病态人格，它对于个体的发展已经构成了危害性，甚至会给社会带来不良影响。

大学生群体中，常见的人格障碍主要包括。

1. 偏执型人格障碍

这种人格障碍会让人在想法和行为上更加偏激，在精神上也十分敏感，并且具有多疑的心理偏差。在人际关系中，其他人的一些正常行为都有可能被认为是恶意的。个体在人格上的偏执行为，包括过度的怀疑其他人的动机，偏执地认为某些事情损害了自身等。产生这种人格障碍的个体，难以在集体当中生活下去，并且对于个人和他人都无法形成认知。大学生在集体生活中，具有偏执型人格障碍的学生会给自己和他人带来很多困难。

2. 强迫型人格障碍

这种人格障碍会在心理上和行为上产生很多的强制性，并且会过度追求完美，在行事上会犹豫不决。例如，在进行某些事情时，强迫型人格的个体难以产生变通，会按照一定的规律来办事，如果情况发生改变，则很难在心理上适应。同时，强迫型人格的个体缺少决策能力，但又对他人的决定产生不信任，因而无法做好个体和团队上的管理。

3. 自恋型人格障碍

这种人格表现为过度自我、过度自信和以自我为中心的心理态度。具体体现为：一是与别人相处时只会考虑自己的感受；二是对于自我的某些特质产生了过度的自信，在做决策时很多都超出了自己的能力；三是在性格上会出现骄傲、自满、嫉妒等心理状态，甚至面对一些超过自己的人时，会产生仇视心理，严重时会因为嫉妒而伤害他人。

4. 回避型人格障碍

这类人格障碍体现为个体对于现实问题会产生畏惧、自卑等消极心理，不能够直面各类问题，缺少解决问题的主观意愿，不利于承受心理压力和生活挑战。在人际关系上，回避型人格也会产生社交恐惧心理，会过于在意他人的评价，在人际交往中很难融入环境并建立良好的人际关系。

5. 多重性人格障碍

多重人格会产生人格上的分裂，导致了许多人格上的特质完全独立和冲突。多重人格患者可能会在不同的环境下，表现出来不同的人格，导致了人格没有连续性。同时，多种人格集中在一个个体身上，也会给自己和他人的生活带来很多阻碍。通常认为，一个人在成长过程中遭遇的一些重大打击，会成为多重人格障碍的诱因。

6. 反社会型人格障碍

这种人格障碍的人群会具有较强的危害性，使得社会中的道德与法律很难对其产生约束作用。同时，具有反社会型人格的人对其他人也会缺乏爱心，亲情关系也十分淡漠，他们在产生许多危害行为时，也不会具有心理压力。在行为上，经常是冲动的，容易在压力下发生暴力行为，因此，社会中的许多犯罪行为都是由反社会型人格的人员造成的。

7. 表演性人格障碍

这种人格会过于在乎自己在群体中间的存在感，会采用一些夸张的语言和行动来取得别人的注意。同时，这类人群在生活中常常会体现出表演的倾向，他们所说的许多话语和行动都有着很强的虚假性，难以产生实际的效果，严重时会给人际关系造成破坏，影响了人们正常的活动。

总之，以上七种人格障碍都是对个体和群体危害性较大的人格类型，也容易在社会群体中产生。高校所开展的心理健康教育，就是要从根源上避免大学生由人格的不健全发展成为人格障碍，而且要对大学生群体中具有人格障碍的个体进行及时有效的干预。

四、大学生的健全人格教育

大多数的青少年在成长为大学生后，都会形成健全的人格。然而大学生在学习期间，人格也会不断趋于完善，这个过程中难免会产生人格偏差或人格障碍。在网络环境下，大学生对于网络的应用更加频繁，而在网络中会让许多负面的心理因素直接暴露出来，给大学生的人格健康发展带来威胁。为此，高校的心理健康教育应该对大学生的人格特质进行有效分析，利用理论和方法的创新，构建人格教育的体系。

（一）拓宽教育渠道，改善教学方法

随着网络技术的应用，高校的心理教育工作具有在理论和方法创新上的新条件，因而高校要拓宽教育的渠道，应用多种方法来完善人格教育体系。一是在大学生的学习和成长期间，高校要更多采用生活教育、社会实践的方法，让大学生能够积累生活经验，通过实践活动来产生自我认知，为大学生创造良好的团队合作、社会交往的条件，这样更有利于大学生改变人格中不健康的部分，不断完善人格。二是高校要在人格健康方面形成心理咨询和干预机制。对此，高校应该做好对大学生的心理知识传播和心理健康调查。要鼓励大学生在面对问题时寻求相关人员的帮助，并且教师、辅导员和领导干部等都应该关心大学生的心理状态。三是采用网络技术手段，为大学生拓宽交流和学习的空间。通过正确的网络应用教育，指导大学生开展健康的网络生活，有利于大学生疏导自己的心理压力，拓宽视野，融入社会群体。

（二）转变教育观念，完善教育内容

大学生在高校中所获得的教育，不仅是智力、知识和技能教育，还应该包括情感教育和身心健康教育。高校在培养大学生人才的过程中，应建立立德树人的教育观念，高度重视全面的素质教育，保障大学生的全面发展。心理健康课程和其他专业的课程要实现内容的融合，保护大学生在人格上的健康发展。一是教育的目标要保持一致，在立德树人基础上，应创立大学人格健康发展的目标。人格发展应同高校的专业教育、人文素养教育、思想道德教育平行发展。二是学校教育要增加社会教育的内容。高校要在大学生提高社会适应力上产生积极作用，使大学生能够科学地认识社会，提高社会性的基本能力，建立良好的社会文化观念。其中大学生的职业教育、实践教育应该与人格教育保持一致，并在教育内容上实现互相交叉融合。

（三）加强教师队伍建设，树立榜样示范

教师队伍的建设，不仅能够提高高校心理健康教育的实效性和创新性，也能够对大学生产生隐性教育和榜样教育，在大学生人格发展过程中产生导向作用。

许多教育活动的实施和校园文化风气的形成，都是在教师和学生的互动当中产生的。其中教师是否具有人格魅力，是否能够在行为上对学生形成指引，能够给学生带来深刻的影响，也是教育得以成功的关键。教师队伍首先要保障人格上的健康，并且在思想道德上对自己严格要求。其次，在与学生的互动过程中，要具有感情因素，对大学生产生人文关怀。最后，教师队伍应具备创新精神，在心理健康教育方面要积极应用新的理论和方法，能够融入大学生的生活环境。尤其是要重视网络环境和信息技术应用，在虚拟空间中实现对大学生心理的帮助。总之，为了完善高校心理健康教育体系，教师要通过言传身教来产生引导作用。教师的专业性要强，人格要有更高的准则，思想道德要有更高的要求。①

① 佟佳春，张卫平.大学生健康人格培养途径研究 [J].现代交际，2021（02）：134-136.

第四章 大学生心理压力与情绪管理

第一节 大学生心理压力与情绪问题

一、大学生的压力与情绪

据诸多心理学家、教育学家的研究成果可知，人的身心成长具有阶段性发展特征。对比中小学生，大学生的成熟不仅体现在身体的生理发育上，同样也体现在其内在心理的悄然蜕变之中。在大学阶段，大学生不仅要面对新的社交压力和学业挑战，适应新的角色和责任，适应成年社会的环境，还要面对青春期带来的情感波动和内心挣扎，开始追求自我的独立和自我认知。在这一阶段之中，大学生会产生多种多样、或多或少的压力，其情绪必然也会因此受到极大的影响。然而，更加值得关注的是，在此之中，大学生的情绪内容和表达方式越发呈现多样化、稳定化特征，并且不同的学生之间往往也会形成极具差异性的自我情绪标识。

（一）大学生的情绪

情绪是人的内心在受到某种外在刺激时所表现出来的一种情感状态，它可以分为积极情绪和消极情绪。在不同的情境中情绪会表现出不同的特征，因此，其也在一定程度上影响着个体的决策和社会交往等行为。当考入心仪的大学时，积极的情绪会使人感到兴奋和激动，使人充满斗志和拼搏挑战的勇气；而当一个人面临亲人的离世或某种挫折和打击时，消极的情绪则会使其沮丧不振，严重时甚至会使其放弃生活的希望。

对于情绪是如何产生的这一问题，心理学家形成了一个大致统一的看法。他们认为情绪是一种先天具备和后天习得相互交杂的混合物，其产生过程更是一个十分复杂的心理变化过程，主要涉及生理反应、主观感受、认知过程和外在行为四个方面。

第一，生理反应。当人们的心理发生某种情绪变化时，往往也伴随一些生理反应的出现，并在人们的身体内部引起一连串的化学变化。例如，当人感到快乐时，身体会释放多巴胺，这种化学物质会使人感到幸福和满足，脑内的快乐中枢得到激活，与此同时，人们的身体也会逐渐放松，面部表情可能会变得愉悦，甚至会出现微笑。而当人们感到紧张、焦虑或恐惧时，身体会释放肾上腺素和皮质醇等应激激素，此时人们会心率加快，呼吸急促，掌心出汗，肌肉可能也会变得紧绷。

据此原理，科学家发明了测谎仪。测谎仪是一种用来检测被测试者是否在陈述事实时说谎的设备，它可以通过监测生理指标如心率、呼吸频率、皮肤电流反应等来判断一个人的情绪反应和紧张程度。举例来说，当被测试者接受询问时，测谎仪可以记录下他们的生理反应变化，比如当询问者提出敏感问题时，被测试者的心率可能会加快，呼吸会变得更加急促，这些变化有助于揭示事实和谎言之间的差异。由于人在说谎时往往伴有焦虑、紧张、畏惧、不安等复杂情绪且很难人为控制，因此测谎仪的测试结果往往具有较高的准确性和科学性，常作为案件审理过程中的重要辅助工具。

不仅如此，由于不同的情绪往往也伴随着不同的生理反应，因此情绪的变化对人体的健康也会产生极大的影响，良好的情绪往往更有利于健康的发展，反之亦然。正如中医学理论所言"心在志为喜""肝在志为怒""脾在志为思""肺在志为忧""肾在志为恐"，然而凡事也皆要掌握好一个合适的度，例如：适当的喜则气和志达，营卫通利，过度的喜反而又会损伤心。

第二，主观感受。情绪的产生和变化往往也会受不同个体的不同主观感受所影响。例如，在听同一首歌时，不同的人可能会产生不同的情绪反应。有些人听到这首歌时会感到快乐和兴奋，因为它曾经伴随他们共度美好时光，而有些人却会觉得悲伤或者沉重，因为这首歌曾陪伴他们经历失落或挫折。因此，个体间不同的经历、性格、价值观等主观感受都会影响他们对同一情境做出不同的情绪反应。

第三，认知过程。人们对事物不同的认知会产生不同的情绪。例如，当同学称赞你考试考取90分时，积极的认知会认为同学是友善、真诚的欣赏，而消极的认知则会认为同学是不怀好意的嘲讽，调侃自己没能考取满分。因此，个体对事物的认知和解释会极大地影响其对个体情绪形成何种方向的反馈。

第四，外在行为。外在行为是人们情绪表达的重要外显形式，有利于人际交往和信息传递，面部表情、肢体动作、语音语调等则是最为常见的外在行为。例如，当人们感到愤怒时可能会面部僵硬、紧绷，双手握拳或敲击桌面、墙体，甚至可能还会大声咆哮、歇斯底里。这些外在行为都是情绪的表现，同时不同的外在行为也反映出情绪的复杂性和多样性。

（二）大学生情绪的状态

情绪的状态是人类心理活动的重要组成部分，它反映了个体在一定时间范围内对外界刺激的主观体验以及情绪的产出。根据情绪状态的强度和持续时间的不同又可将其分为心境、激情和应激三种。

1. 心境

心境是指微弱而持久且具有弥漫性的情绪状态，它不是针对某一特定事物的专项体验，而是表现为对待一切事物持有相同、稳定的心态。在心理学中，心境被视为个体情绪状态的一种持续性表现形式，它的形成可能受到个体内在性格、情感因素和外部环境、生活事件因素的共同影响。心境的稳定与情绪的交织成就了人们对世界的整体认知，这种细微而持久的情绪状态潜移默化地影响着人们的行为和思维模式。例如，一个长期受到家庭暴力的人，心境可能会被悲伤和恐惧笼罩，对周围事物产生悲观消极的看法。然而，通过细致的观察和深入的思考，人们可以逐渐调整和培养自己的心境，从而更好地适应多变的生活环境。

除此以外，积极、乐观的心境有利于增强人际关系，提高学习和工作效率，增强抗压能力，提高生活自信心；悲观、消极的心境会使人产生抑郁和焦虑感，对身边的事物感到沮丧和失望，影响团队合作，造成人际关系紧张。不仅如此，持续的消极情绪甚至还会降低人体免疫力，增加患病风险。因此，了解并调节自己的心境对于保持身心健康至关重要。

2. 激情

激情是一种迅猛爆发、难以控制的情绪，并通常伴随着强烈的情感表达、明显的外在行为和激动的情绪反应。例如，人在激动时面部潮红、声音提高、手势激烈；兴奋时语速加快、手舞足蹈；悲伤时泣不成声、呼吸急促甚至晕倒、休克。这些都是激情状态的体现。

"法兰西思想之王"伏尔泰曾经说过："激情，这是鼓满船帆的风，风有时会把船帆吹断，但没有风，帆船就不能航行。"可知，激情在人们的生活中发挥着重要的作用。但是仍需注意的是，积极的激情有利于促进个体积极情绪，激发个体创造活力，推动个体努力进步；而过度的激情或是消极的激情则可能使个体陷入情绪波动异常起伏的状态，甚至影响个体的日常生活和社交关系。因此，我们应以平和理智之心面对激情的涌动，应学会找准激情的合理平衡点，以求在激情中获益并最大化降低负面影响。

3. 应激

应激是人或动物对内外环境刺激所作出的一种非特异性反应，其常常伴随着生理和心理上的紧张与不适。应激反应可能来自于工作压力、学习压力、家庭关系问题，甚至是突发事件或灾难。当个体面对压力、挑战或危险时，应激反应会被激活，这种反应可以在短时间内迅速提高个体警觉性和及时应对能力，但长期的应激状态可能反而会对健康和心理造成负面影响。例如，在工作环境中，员工长时间面对高强度的工作压力和竞争环境可能导致工作疲劳、焦虑抑郁情绪滋生甚至出现心脏病、脑出血等生理健康问题，进而影响工作效率和生活质量。因此，对于个体而言，了解和管理应激反应并采取有效的应对策略，如学会自我调节、寻求支持和调整工作生活平衡，对于缓解和预防应激状态、维护个人健康和幸福具有重要意义。

（三）大学生情绪的分类

关于情绪的分类，不同国家、不同时期的不同学者皆提出了自己的分类标准。我国古书《礼记·礼运》中记载："喜、怒、哀、惧、爱、恶、欲，七者弗学而能。"其认为情绪可分为以上七种。而《白虎通义》中则主张"六情"，认为情绪分为喜、怒、哀、乐、爱、恶。

美国心理学家保罗·艾克曼提出"普遍基本情绪"，认为情绪应基本归纳为快乐、悲伤、惊讶、恐惧、厌恶和愤怒六种。

美国心理学家克雷奇、克拉奇菲尔德和利维森等人将情绪分为四类，分别是原始情绪、与感觉刺激有关的情绪、与自我评价有关的情绪和与他人有关的情绪。

著名心理学家西尔万·汤姆金斯以神经学理论研究为基础，根据人体大脑中不同的神经激活模式各自对应，提出了六种不同情绪，分别为害怕、愤怒、惊讶、痛苦、高兴和兴趣。

在本节我们主要论述所有心理学家普遍关注的几种常见情绪，并从积极和消极两个层面对其进行进一步阐释。

1. 基本情绪

基本情绪是指个体在面对外部刺激或内部体验时产生的最常见且基本的情感状态。基本情绪必须具备以下几点特征：①先天存在而非后天习得；②"一视同仁"，对全体人类具有普遍性；③表达上具有个体差异性、可辨别性；④触发相异生理反应模式。除此以外，基本情绪可具体划分为以下六种情绪，分别是：害怕、愤怒、厌恶、悲哀、高兴和兴趣。

（1）害怕

害怕是一种人类情感的体现，是一种自然的情绪反应，其常常源自于对未知及不确定事物的恐惧。在生理学上，害怕是一种激素和神经传导的复杂反应，涉及大脑的边缘系统和皮层的相互作用。这种情绪可以触发身体和心理上的自我保护机制，使人在面对危险或压力时产生适当且迅速的回避反应，可以激发个体的生存本能，促使人们采取必要的防御措施，这在一定程度上也有利于帮助人类适应环境和危险。

（2）愤怒

愤怒产生于人类情感的激发与压抑之间的非动态平衡。愤怒的实质其实是一种情绪反应，它源自于我们对环境或他人的认知及期望之间的偏差和对某种触发因素的不满或无法容忍。在社会心理学中，愤怒情绪的背后隐藏着个体对于社会规范、伦理标准和道德愿望的争议及不满，且常常伴随着生理和心理上的激动。合理范围内的愤怒可能会使人内心更强大、做事更有干劲和魄力，但过激的愤怒也可能会导致冲动的言语或行为出现。由于愤怒情绪的形成受到个体性格、环境刺激以及社会文化因素的综合影响，因此，愤怒情绪的识别与调控对于人际关系和心理健康的改善也具有重要意义。

（3）厌恶

厌恶是一种情感反应，其常常在个体面对不愉快、令人不适的事物或情况时出现。这种情绪可能源自于个人对不道德行为或无法接受的价值观的排斥，也可能是对某种味道、气味或感觉的拒绝。例如，学生时期人们可能对于每天写不完的作业感到厌恶，成人后又对每天上下班拥挤的地铁和公交感到厌恶；住在乡村的人对堆满垃圾的水沟感到厌恶，住在都市里的人对高额的房贷感到厌恶。总之，厌恶是一种个体化的情感表达形式，其本质核心是拒绝，这种拒绝既可以是一种自然的本能反应，也可以是对某种事物内在属性深思熟虑的结果。

（4）悲哀

悲哀是一种最为痛苦且消极的情绪，它通常由个人或集体的挫折、失望、痛苦、不幸或某种无法挽回的缺失所引起，因此其既可以是一种个人的情感，也可以是一种集体的情感。悲哀的情绪往往使人心灵沉重、痛不欲生，生活仿佛日日被阴云笼罩，例如挚爱的离世、工作的丢失或破产都会使人陷入悲哀的情绪难以自拔。但是悲哀也是人成长历程中不可缺少的一部分，它能够引导人们正确认识生命和生活，使人们内心变得更为坚毅和勇敢。

（5）高兴

高兴是一种内心的愉悦和满足感，它通常受到积极事件的触发，源自于遇到令人愉悦的事情或想法。高兴能够给人带来积极的影响，提升人的心情和情绪状态，使人更加积极乐观，同时也可以激发人们更多的创造活力，促进人际关系，有利于个人心理健康发展。例如，当获取一份高薪体面的工作并在工作中取得令人骄傲的进展时会感到由衷的高兴；当受到老师、长辈、朋友的表扬和认可时会感到内心愉悦；当与亲朋好友团聚，愉悦交流并相互分享彼此的生活点滴时会给人带来满心的喜悦。因为这些积极事件的触发，高兴成为我们日常生活中一种常见的情感体验，也让我们拥有更加积极向上的生活态度，促进积极行为和身心健康，使个体更加乐于社交互动，并增强解决问题的能力。

（6）兴趣

爱因斯坦曾经说过："兴趣是最好的老师。"兴趣是人们对某种特定主题或者活动所表现出的一种内在驱动情绪，它能激发个体的好奇心和行为热情，促进个体的学习、成长和创新思维的培养。兴趣可以使人们不断探索周边未知领域，从而丰富自身知识和经验，有利于人们积极投入学习和实践。无论是在学习、工作中抑或日常生活中，丰富且积极的兴趣往往更有利于提高人们行为效率和生活幸福指数。

2. 积极情绪和消极情绪

积极情绪和消极情绪作为人们情感体验中两种互相对立的情绪状态，对个体的心理健康和日常生活具有深远的影响。积极情绪通常指对生活中积极的方面产生的情绪体验，如快乐、慷慨、希望、宽容、爱、自信、满足等，表现为愉悦、活力和积极的情感体验。相比之下，消极情绪则是对生活中消极方面产生的情绪体验，如愤怒、堕落、恐惧、羞愧、焦虑、无助、悲伤等，表现为压抑、消沉和消极的情感体验。

积极情绪对于人们日常生活产生积极的影响，它能够改变人们面对事物和生活的心态，提升人们生活幸福感，具体主要表现为以下几个方面。首先，积极情绪表现出对生活充满乐观与活力，个体通常面带微笑，对周围的事物充满好奇与热情。其次，积极情绪可以激发个体的创造性思维和解决问题的能力，促进人际关系的融洽和有效沟通。最后，积极情绪还有助于调节个体的情绪体验，缓解焦虑与压力，提高自我控制能力，使人更加自信和乐观面对生活。

消极情绪的心理特征与表现与积极情绪有着明显的对比。消极情绪通常表现为情绪低落、消沉、疲倦无力，个体对生活中的困难和挑战产生消极的情绪体验。消极情绪还可能导致注意力不集中、决策困难、情绪波动大和自我否定等负面影响，甚至加大人们患上冠心病、高血压等疾病的风险。在社交关系中，消极情绪往往会影响他人对个体的认知和行为感知，加剧个体的负面情绪体验。然而，消极情绪也并非"一无是处"，适当的消极情绪有利于人们居安思危、正面社会问题、预测未来风险并未雨绸缪提前做出防范措施。

二、情绪对于大学生产生的功能

"知足者常乐，善笑者长寿。"情绪不是一种漫无目的、百无一用的情感体验，相反，情绪有利于调节人们心理、建立丰富的人际关系并提升人们生活质量、改善身心健康。

（一）信息传递功能

情绪具有十分直接、高效的信息传递作用，其传递信息的主要方式是通过表情的变化和显露。表情是人先天具有的情感表达能力，相较于言语而言，表情往往更具生动性和表现力。如宋代苏仲及所道："问梅何事，对岩东微笑，暗中轻馥。"女子只通过一个简单淡雅的微笑便展现出其婉约、美好和对梅花的喜爱之情。

除此以外，无论是在面对面交流还是在社交媒体上的文字交流中，表情皆能起到丰富的传递情感信息的作用，从简单的笑脸到复杂的表情包，都可以让沟通更加生动有趣。同时，表情也有着跨越语言和文化的特性，能够帮助人们更好地理解彼此。对于语言系统尚未发育完全的幼儿或是语言不通的两国人民，丰富的面部表情为沟通增添了更多的可能性。

（二）动机功能

情绪与动机是一种相互促进和反馈的关系，情绪是动机的基础，其促进动机的形成与发展，而动机又对情绪的演进具有引导和强化功能。

首先，情绪可以影响动机行为。"情绪是行动的火花"，其会直接影响个体对特定目标的期望和追求，进而影响个体的行为表现。不同类型的情绪对动机产生的影响也是不尽相同的，比如，高兴的情绪可能促使个体更积极地去追求目标；愤怒的情绪可能会激发个体更强烈的危险行动倾向；焦虑的情绪可能会使个体产生逃避行为。情绪对动机的影响是多方面的，它能直接影响个体行为和目标追求的动力，因此，努力激发积极情绪对于提升动机水平至关重要。

其次，动机可以影响个体情绪。动机的强弱和性质能直接影响不同情绪的产生和表现形式。例如，假设一个人只是把钓鱼作为一项业余爱好，那么他即便每天只钓到一条鱼也会感到放松和愉悦；但倘若这个人是把钓鱼当作养家糊口甚至发家致富的途径，那么如果他每天都只能钓到一条鱼，他可能会深感焦虑、沮丧和痛苦。因此，选择合适的动机并适时合理地调节动机的强弱更有利于积极情绪的产生。

（三）组织调控功能

"情绪是人们内心的指南针。"其对于人们认知活动的引导和调控既有积极的促进作用，又有消极的瓦解作用，因此应以辩证的角度对其加以分析看待。

1. 促进作用

良好的情绪对于认知活动的发展具有积极的促进作用。首先，情绪可以影响信息加工的深度和广度，积极的情绪更有助于增强人们的注意力和记忆功能。其次，情绪可以激发大脑中的多个区域，促进信息的加工和整合，有助于促进认知任务的执行，促进问题的解决和决策的制定。情绪状态良好的人在面对问题时往往更具创造性，能够更灵活地运用各种策略来解决问题。第三，情绪对创造性思维有着重要的激发作用。它有助于人们跳出固有的思维模式，帮助人们从不同角度看待问题，使思维更具有开放性和灵活性。

2. 瓦解作用

情绪是把双刃剑，不良的情绪对于认知活动的发展也会产生瓦解作用。首先，不良的情绪可能会导致注意力缺陷和记忆偏差。例如，焦虑、抑郁等不良情绪状态往往会引起个体的注意力偏向消极、威胁性的信息，使其难以集中注意力于任务和目标，甚至导致过度的担忧和自我关注，从而干扰认知活动的进行。同时，不良情绪还可能引起个体对记忆信息的过度解读和评估，导致对事件的记忆出现偏差或变形。其次，不良情绪容易限制人们的思维广度和深度，导致个体决策出现激情化偏向或风险偏好，使个体难以做出理性客观的决策，进而导致问题处理的僵化和困难。

因此，情绪的组织调控功能对于认知活动起着至关重要的作用，情绪的积极与否也会严重影响到认知行为和认知结果。

三、大学生情绪的表达形式

情绪的表达形式是多种多样的，但无论是哪种表达形式通常都伴随着某种外在行为的表现。例如，当一个人泪流满面、语调沉重或者独自坐在角落，垂着头沉默不语时，我们会猜测他是否发生了某些不幸的事情，且此时心情比较悲伤、哀痛；当一个人容光焕发、面带笑容、舞动身体且哼着小曲时，我们会感知到他传递出来的愉悦情绪和积极的能量；当一个人面红耳赤、语速加快或者摔门而出时，我们可以知道他此刻或许十分的愤怒。这些外在行为表现都能成为我们察觉并理解他人内心情绪的有效窗口。然而具体来说，情绪的表达方式大致可以归纳为言语表达和非言语表达两大类。其中，非言语表达方式主要通过面部表情、肢体语言和语音语调的变化来呈现。

（一）面部表情

面部表情是指面部肌肉的运动和表情的变化，这是一种非常重要的非言语交流方式。当一个人微笑时，通常表示他们欢乐或友好，而皱眉则可能代表着担忧或困惑。此外，面部表情不仅可以反映个体的情绪状态，还可以跨越语言和文化的障碍，传递社交和情感信息，并成为一种全球性的交流方式，给人们带来更多交流沟通的可能性。举例来说，当一个外国人到一个陌生的国家，即使他们不懂得当地语言，也能透过面部表情来表达喜怒哀乐，并与当地人产生情感共鸣。因此,面部表情在人类日常生活和社交互动中扮演着至关重要的角色。通过面部表情，个体能够更准确地理解他人的情感状态，促进情感的表达，从而增进人际交流的亲和力和效果。

（二）肢体语言

肢体语言是指通过肢体的动作和姿势等传达信息和表达情感的一种交流方式，通过对肢体语言的解读，人们能够更准确地理解对方的情感、态度和意图。

肢体语言在人际交往中往往更具亲近感。例如，握手是一种常见的肢体动作，通过握手，人们可以传递彼此间的信任和友好。身体接触也是一种重要的肢体语言表达形式，例如拥抱、碰肩、亲吻脸颊等动作，都能在人际交往中传递出亲密或者鼓励的情感，从而促进人际间情感的升温，帮助人们建立良好的人际关系。

然而，相同的肢体语言在不同国家或者地区并不一定完全通用。例如，在我们的固有思维之中，常常会认为"OK"这一手势表达的是"好的""没问题"这类含义，然而在法国，这一手势表达的含义则是"一文不值"，在希腊地区又表示"滚开"。再比如，我们常常竖起大拇指表示对他人的称赞，然而在澳大利亚和尼日利亚等地区则表示骂人等侮辱性含义。因此，人们在使用肢体语言表达情绪时还需要结合当地文化和民情。

（三）语音语调

语音语调是指在人际交流中，人们通过声音的高低、强弱、快慢、音色等元素，表达出不同的意义和情感。例如，人们在激动时，音调尖锐、语速加快;在悲痛时，语调沉重、节奏放缓。有时哪怕是相同的言语，在用不同的语音语调表达时也能传递出不同的含义。语音语调是一种重要的情绪表达资源,它既能传达信息的内涵，也能展现说话者的态度。在人们的日常生活中，通过对语音语调的恰当运用，可以使交流更加生动有趣，增进双方的理解与沟通。

第二节　大学生情绪管理能力的培养

一、愤怒情绪与调适

（一）愤怒的表现

愤怒是一种较为激烈的情感表达方式，通常源于个体的主观意志与客观事实相违背且难以实现时产生的心理反应。尤其是当人们遇到较大的挫折或打击时往往更容易产生愤怒情绪，并通常伴有心率加快、呼吸急促、血压升高等生理现象。

愤怒情绪对人的身心健康具有非常不利的影响。经常愤怒、脾气暴躁的人往往更容易患心脏病、高血压、脑出血等疾病，并极有可能出现伤害自己、伤害他人、报复社会等危险冲动行为。

（二）愤怒产生的原因

愤怒形成的原因是多种多样的，具体主要表现为以下四个方面。

第一，社会不公平现象。作为即将步入社会的群体，大学生往往对社会中的不公平现象反应更加剧烈且难以接受，例如社会资源的不公平分配或者是性别及地域的歧视，都有可能造成其个体心理的失衡继而产生愤怒情绪。

第二，人际关系冲突。大学生的沟通能力、调和能力和解决问题的能力往往还尚未成熟，因此更容易与他人发生人际关系误解或冲突，频繁的矛盾和争吵都可能使大学生感受到愤怒情绪。

第三，身心发展阶段性特征。大学生还处于青春期成长发育阶段，其情感往往更为细腻丰富且敏感、心态也尚不成熟稳重，因此更容易受到外界信息的刺激，造成情绪波动的极大起伏，产生愤怒情绪。

第四，个体性格特点及人格特质。先天性的人格特征和受后天环境影响所形成的性格特点是影响愤怒情绪产生最为重要的因素。例如，从小成长于打击式教育环境下的大学生性格通常更为敏感多疑，更在乎他人对自己的评价及认可，因此更容易产生压力和焦虑心理。且由于他们对外在刺激的抗压能力也普遍较弱，在内在需求得不到满足和肯定时也更容易产生愤怒情绪。

（三）愤怒情绪的调适

若要做到对愤怒情绪的有效调适，大学生应做到以下几点要求。

1. 加强修养

曾国藩在其《家书》中写道："不可起鸡毛蒜皮之烦恼，而心存谦虚，公心塞责，静以修身，勤以立业。"他强调应通过修身养性去控制自身的不良情绪。愤怒不是解决问题行之有效的方法，反而可能还会激化矛盾，加剧问题的严重性。一个时常愤怒、情绪暴躁的人也很难真正得到别人的尊重和认可，因此，大学生必须学会静以修身，自觉主动地加强自身修养和素质的培养。

2. 合理疏导

对于愤怒情绪，如果不能及时、合理地将其疏导而出，而是一直憋在心里，压抑自身情感，长此以往会严重危害个体的心理健康。大学生应学会做情绪的主人而不是被情绪支配，在愤怒情绪出现时，大学生应学会疏导和排解这种不良情绪，例如可以通过唱卡拉 OK、去海边吹风、爬山、健身、画画等方式化解愤怒情绪。但应注意的是，无论采取何种方式疏导愤怒情绪，都应适时适度且在法律和道德的规定范围内。

3. 冷静克制

"忿怒二字，圣贤亦有之；特能少忍须臾，便不伤生。"在愤怒情绪爆发时，大学生应能意识到自身情绪的波动，并学会冷静克制自身的不良情绪，使自身情绪回归平稳，以此避免因情绪过激导致的人际关系冲突和对身体健康的危害。在克制愤怒情绪的过程中，呼吸调整是一种较为有效且常用的调节方法，通过反复的深呼吸可以使人内心情感逐渐恢复平静。有时"忍一时风平浪静，退一步海阔天空。"并不是消极的逃避心理，反而更是一种高级的处世智慧。

二、焦虑情绪与调适

（一）焦虑情绪的表现

焦虑情绪是一种常见的心理现象，主要表现为个体在面对不确定环境、压力或威胁时产生的紧张、担忧和恐惧等心理反应。焦虑情绪的表现形式丰富多样，既可以体现在生理层面，也可以体现在心理层面。首先，在生理层面上焦虑情绪通常表现为呼吸急促、心跳加速、肌肉紧张、消化不良、失眠或睡眠质量下降。其次，在心理层面上焦虑情绪主要表现为对未来或不确定的事物充满担忧和恐惧、心理紧张、情绪波动强烈、注意力难以集中和负面的自我评价。

对于大学生而言，引起焦虑的因素通常为高度竞争的社会环境、过高的学习负担、处理人际关系问题的棘手、信息化时代的信息过载和社会比较心理等。过度的焦虑可能会使大学生出现失眠、食欲下降甚至是神经性焦虑症等问题，显然不利于大学生的身心健康发展。然而适度的焦虑却具有一定程度上的积极意义，它能帮助大学生时刻监督自身，保持自律，无论是在身体健康、生活作息、饮食规律还是在学习和生活中都竭力做到最优，有利于培养大学生的内在驱动力。

（二）焦虑产生的原因

1.适应困难

大学生对大学环境的适应困难是焦虑情绪产生的常见原因。学生在从中学步入大学这一过程中往往面临着要离开父母、离开熟悉的朋友和成长环境去另一个城市求学的处境，这本身就容易使大学生产生一定的焦虑感。而且在生活节奏较快、学业压力较大的大学阶段，大学生又需要在短时间内调整自己的生活作息、学习方法、人际交往方式和心理状态，以应对全新的环境和挑战。在这个过程中，他们可能会遇到诸如人际关系紧张、学业成绩不理想等问题，这些问题往往导致他们心理上焦虑感进一步增强。此外，面对日益严峻的就业竞争压力，大学生对未来职业生涯的规划和定位也倍感困扰，又进一步加剧了焦虑情绪的产生。据一名寻求心理咨询帮助的大学生所言，在其步入大学阶段之前，他的一切生活皆是由父母代为照料，无论是吃饭、买衣服、洗衣服、打扫卫生、倒垃圾等小事，还是选学校、选专业这类大事都无须自己操心，自己需要做好的只有"两耳不闻窗外事，一心只读圣贤书"。因此这也导致了其对父母过度依赖，继而丧失了自我生存的能力。到了大学以后，父母不能时刻陪在身边，而自己一个人又很难适应大学环境和解决遇到的种种困难，因此使其产生了深刻的焦虑情绪。

2. 学习上的不适应

学习上的难以适应使得大学生日益产生焦虑的情绪。高中的学习方式往往是教师的主动传授，而大学阶段则更注重学生的主动学习，这便对学生的自学能力、学习习惯和自律性皆提出了更高的要求。面对学习成绩的下滑、未来考研和工作的庞大竞争压力，很多大学生感到无所适从。他们既害怕自己无法掌握所学专业技能，又担忧未来就业前景惨淡，继而在其内心形成了一种无形的压力，使得其焦虑感激增。

3. 考试焦虑

大学生面临诸多考试压力，如期末考试、资格考试、考研、托福、雅思等，这些考试对他们的学业生涯具有重要意义。因此，考试焦虑也是大学生群体在日常生活中较为常见的一种焦虑情绪。这种焦虑情绪往往在考试前一段时间开始显现，主要表现为紧张、担忧、失眠、食欲下降等症状。然而，适度的考试焦虑可以激发大学生的学习动力和应对挑战的能力，但过度的考试焦虑则可能导致大学生表现不佳，严重时甚至还会影响其身心健康。

因此，大学生应学会调整心态、合理安排时间并养成良好的学习习惯以应对考试焦虑的存在，并且可以适当参加课外活动减轻考试焦虑症状，提高学习效率。

4. 过分关注身体健康状况

"忽视身体健康无异于自我虐待，过度重视身体健康也无异于自我虐待。"过度地关注身体健康可能会使大学生产生很多不必要的焦虑情绪，继而对学业和生活都造成不良的影响。

首先，过度关注身体健康的大学生可能会频繁地担心自己的身体状况，这会导致其注意力分散，学习效率下降。例如，一些大学生过分注重体能锻炼，他们认为只有通过不断的锻炼才能保持健康的身体，保证学业的顺利完成，因此他们每天都花费大量时间在健身房锻炼和健身餐的热量搭配上，而不是在图书馆进行专业学习。实际上，这样的行为反而分散了学习的大量精力，不利于学业的进步。

其次，过度关注身体健康的大学生会害怕参加社交活动，他们可能会担心在人群中感染病毒或出现其他健康问题，因而使得他们在人际交往中显得拘谨、小心翼翼，甚至可能还会错过许多有益的社交机会。

最后，过度关注身体健康的大学生可能会对其心理健康产生负面影响。当他们把全部精力都放在身体健康上时，其他方面的需求得不到满足，从而导致心理压力越来越大。这种压力可能会让他们陷入抑郁、焦虑等心理疾病。例如，一些大学生在面对轻微的身体不适时，会过分担忧，担心自己患上严重的疾病。他们频繁地就医，进行各种检查和治疗，以至于对医生的建议产生依赖。这种过度关注身体健康的行为，让他们在生活中充满了担忧和恐惧，严重影响了学业和生活的顺利进行。

面对身体健康状况，大学生应该意识到，身体健康固然重要，但学业和生活也同样不可或缺。只有学会平衡二者的关系，才能在保证身体健康的同时，拥有一份美好的学业和生活。

（三）焦虑情绪的调适

1. 少拖延，早办事

焦虑情绪的产生很多时候都是因为人们习惯把事情拖延到截止日期的最后一刻去做而又很难来得及做完所致。长时间的拖延可能会导致心理负担加重，担忧心理不断累积，最终演变成焦虑情绪。因此，改变拖延的坏习惯，合理安排时间和任务，能有效减轻心理压力、缓解焦虑情绪并且提高工作效率。不仅如此，大学生在处理问题时应学会抵制诱惑，拒绝不必要的干扰，提高自身的自律能力，将任务分解成多部分逐个击破，这都有利于其克服拖延行为。

2. 及时消除烦恼

及时消除烦恼，有利于缓解焦虑情绪。在大学生活中，大学生总会遇到各种各样的烦恼，这些烦恼往往会给其带去焦虑情绪，影响其身心健康。因此，及时消除烦恼，学会调整心态，找出问题的根源并合理解决，有助于大学生摆脱困境，恢复心理平衡，这对大学生的身心健康发展至关重要。

与此同时，及时消除烦恼的方法不计其数，比如可以通过倾诉、反思、运动等方式对其予以消除。倾诉可以帮助大学生释放内心的压力，得到他人的支持和建议；反思有助于大学生发现问题所在，从而采取措施解决问题；运动则可以让大学生在生理和心理上得到放松，缓解焦虑情绪。此外，大学生还可以通过培养良好的生活习惯、保持积极心态、学会适当放手等方式来及时消除烦恼。

3. 保持均衡的生活方式

保持均衡的生活方式，可以有效预防焦虑的产生。当大学生的生活节奏过快、压力过大时，容易出现焦虑的情绪。而保持均衡的生活方式，包括合理分配时间、养成良好的作息习惯、保持良好的饮食习惯以及适当的锻炼，有助于缓解紧张情绪，降低焦虑发生的可能性。

首先，合理分配时间是保持均衡生活方式的关键。大学生需要学会合理安排时间，既要做到"今日事，今日毕"，又要确保在繁忙的学习之余，仍能有充足的时间进行休息和娱乐，以缓解紧张、焦虑的情绪。

其次，养成良好的作息习惯对保持均衡的生活方式至关重要。保持规律、恰当的作息可以使大学生的生物钟得到适当调整，有助于其身心健康，预防焦虑发生。

再次，保持良好的饮食习惯也是保持均衡生活方式的重要途径。饮食不均衡可能导致身体缺乏某些必要的营养物质，进而影响大学生心理状态。例如，缺乏维生素B、钙、锌、镁等元素，可能导致情绪波动，增加焦虑的风险。因此，大学生在日常生活中需要注重饮食平衡，多吃蔬菜、水果、全谷类等富含营养的食物。

最后，适当的锻炼对保持均衡的生活方式具有积极作用。锻炼可以促进血液循环，帮助身体代谢废物，改善心情。适量的有氧运动，如跑步、游泳、瑜伽等，可以减轻焦虑症状，提高心理健康水平。因此，大学生应该积极参与锻炼和社会活动，并主动将其纳入日常生活，以保持身心健康发展，改善焦虑情绪。

4. 不过分追求完美

不过分追求完美，有利于避免焦虑。人们在追求完美的过程中，往往容易陷入过度的焦虑和紧张。这是因为完美主义者总是对自己的表现有着极高的期望，而这种期望往往让自己在面对困难和挑战时倍感压力。哲学家约翰·洛克曾说："我们的优点和缺点，就像一枚硬币的两面，少了任何一面，都不是完整的自己。"适度地放下对完美的执着，学会接受自己的不足和不完美，才能降低焦虑，并在成长的道路上不断前行，追求更高的人生境界。我国著名画家齐白石老先生便是如此，他画的虾、蟹、虫、鱼等生物栩栩如生，备受赞誉。但鲜为人知的是，齐白石在绘画过程中，始终保持着一种"不完美"的态度。他曾说："画虫是我生平最爱，但我知道，画虫难求完美，有时候稍微留下些遗憾，反而更有味道。"正所谓"水至清则无鱼，人至察则无徒"。这种不追求完美的精神让他在创作中能够更加从容地发挥，也使得他的画作更具艺术价值。因此，大学生在处理各种问题时也不必苛求事事完美、面面俱到，给自己营造不必要的焦虑氛围。

三、压抑情绪与调适

对于大多数大学生而言，其在生活中遇到的诸多问题不知该向何人倾诉，或不方便与人倾诉，因此这些复杂的情感和问题时常憋在心里，久而久之便造成大学生心理产生一种不可忽视的压抑感。

（一）压抑情绪的表现

压抑情绪是当情感被过分压制且长时间未能得到适度的宣泄而形成的一种心理状态。这种状态可能导致个体在内心积累大量的负面情绪，如焦虑、愤怒、悲伤等，进而影响到个体的心理健康和人际关系。长时间处于压抑情绪的状态，可能会使个体对周围的事物和人际关系变得敏感多疑，甚至可能导致心理障碍的发生。

（二）压抑情绪产生的原因

随着社会的发展，大学生这个群体面临着诸多压力，且他们通常无法有效表达和调节自身情绪，导致心理负担不断加重，继而出现压抑情绪。而造成大学生压抑情绪出现的原因主要为以下三点。

首先，学业压力是大学生产生压抑情绪的重要因素。在激烈的竞争环境下，大学生为了追求优异的成绩和美好的未来，往往将学业视为头等大事。然而，在追求卓越的过程中，他们面临着课程负担、考试压力、学术研究等多方面的挑战。这些压力使得他们在学习中感受到巨大的挫败感，内心的苦闷不断积压无法释放，长此以往，便容易产生压抑情绪。

其次，就业前景的不确定性也是导致大学生情绪压抑的原因之一。随着我国经济结构的转型，许多传统行业的就业岗位不断减少，而新兴产业对人才的需求又具有较高的技能性和专业性要求。在这种背景下，大学生对未来的担忧与日俱增，担心自己无法找到满意的工作，担忧自己未来的职业发展方向。这种焦虑情绪长期累积，容易使大学生陷入情感压抑的困境。

最后，人际关系困扰也是大学生情绪压抑的关键因素。处于青春期的大学生，渴望独立、自由和被认可，但在人际交往中往往面临诸多困境。他们需要在宿舍、班级、社团等多个场合与他人相处并处理好人际关系。然而，现实生活中的摩擦、矛盾和误解让他们倍感疲惫，很多时候选择了沉默寡言，将真实的情感隐藏在心底。这些负面情绪日积月累，最终导致压抑情绪的产生。

（三）压抑情绪的调适

调适压抑情绪，首先最重要的是要保持积极乐观的心态，看事物时尽量看其阳光的一面。其次，当受到挫折时要学会自我安慰，相信自己有战胜挫折的能力。再次，要学会合理地宣泄情绪，在不伤害自己、不伤害他人的前提下，将内心的苦闷释放出来，也可以选择和亲朋好友倾诉。最后，调节压抑情绪也可以采取适量运动的方式，并可以尝试一些放松技巧，例如冥想、深呼吸等。

四、抑郁情绪与调适

抑郁情绪是指人们在面对生活中的挑战、压力或者挫折时，产生的一种持续的、消极的心理状态。这种负面情绪会影响个体的情感、认知、行为和生理，进而导致生活质量的下降。抑郁情绪如果持续时间较长，可能会发展为严重的抑郁症，对个体的身心发展造成极大的危害。

（一）抑郁情绪的表现

抑郁情绪的主要表现为持续的情绪低落，对亲朋好友表现出冷漠和排斥，对日常一切活动失去兴趣，精神萎靡不振、疲劳无力、食欲减退、睡眠障碍和精神衰弱等。在这些表现中，情绪低落是最为突出的特点，它使个体对生活失去热情，对未来感到悲观无望，认为自己是世界多余的产物，是不值得任何人关心与爱护的对象。不仅如此，在严重的抑郁情绪状态下，个体可能还会产生更为消极的想法，甚至可能还会出现自杀倾向。

（二）抑郁产生的原因

造成抑郁情绪出现的因素有很多，以下主要从社会因素、心理因素和生物因素角度进行归纳论述。

1. 社会因素

大学生抑郁情绪的产生受社会因素影响。无论是学术压力、就业压力、家庭背景还是社会期望等都对大学生的心理造成了或多或少的影响。随着我国高等教育普及率的提高，大学毕业生数量逐年攀升，社会对大学生群体提出的要求和期望也水涨船高。因此，许多大学生在校园期间就开始为就业担忧，担心毕业后找不到理想的工作，担心无法达到家长和社会的期望，渐渐产生自责和愧疚感，进而陷入抑郁情绪。

2. 心理因素

大学生抑郁情绪的产生很大层面上也受到心理因素的影响。由于不同人的成长经历和生活环境各不相同，因此每个人的性格特征和思维方式也不尽相同。对于从小养尊处优，在充满爱的家庭环境下成长起来的人来说，其心理通常较为乐观、活跃；而对于在家暴环境下或单亲家庭下成长起来的人来说，他们的心理往往更为敏感脆弱，且容易出现消极的心态。除此以外，具有过高的理想追求、强迫症等性格倾向的人往往出现抑郁情绪的概率也会相对更高。

3. 生物因素

大学生抑郁情绪的产生同样也会受到生物因素的影响。生物因素主要包括遗传、生理和神经化学等方面。研究发现，有抑郁倾向的个体往往具有家族史，这意味着抑郁情绪具有一定的遗传性。此外，生物节律紊乱、激素水平波动等生理因素也可能影响大学生的抑郁情绪。例如，女性在经期时更容易出现抑郁情绪，这与激素水平的波动密切相关。而在神经化学方面，也有研究表明，抑郁症患者的大脑神经元之间的连接存在异常，这可能是导致抑郁情绪形成的一个重要原因。

总而言之，抑郁情绪的形成不是受某种单一因素决定，而往往是多种因素共同作用所导致的结果。

（三）抑郁情绪的调适

1. 寻找生活中快乐的亮点

"随富随贫且欢乐，不开口笑是痴人。"快乐对于保持积极开朗的生活心态具有重大意义，而善于发现生活中快乐的元素，也有利于调节抑郁情绪。生活中处处充满了美好的事物，只要我们用心去发现、用心去感受，就能找到那些令人愉悦的瞬间。抑郁情绪往往是由生活中的压力和烦恼所致，如果人们能够学会在生活中寻找快乐的符号，那么抑郁情绪自然而然也会得到有效缓解。

2. 认同自我

自我认同感是指一个人对自我的认知、评价和接受程度。具备较高的自我认同感有利于个体正视自身负面情绪，有利于个体建立积极的心理防御机制，也有利于个体形成稳定的自我价值感。当一个自我认同感较高的人出现抑郁情绪时，他往往更能及时地察觉到这种情绪变化，也不会轻易逃避现实，而是勇敢地寻找解决办法、寻求专业帮助。

3. 寻求社会支持

当大学生出现抑郁情绪且难以自我调节时，可以向社会寻求支持和援助。在我国，大学生的心理健康问题已经引起社会各行各业的广泛关注。学校、家庭、亲朋好友以及社会各界都愿意对抑郁学生伸出援手，帮助他们走出抑郁的阴影。

五、大学生情绪管理的教育策略

（一）正确认识情绪

大学生在进行情绪管理之前，首先应该对情绪具备正确的认识。情绪是人们在面对不同情境时产生的心理反应，它影响着个体的心理健康、人际关系和学业成绩。许多大学生由于缺乏对情绪的认识和调控能力，导致在面临压力、挫折和冲突时难以应对，进而影响到他们的学习和生活质量。

若要正确认识情绪，首先，应了解情绪的类型和特点。情绪是具有周期性的，且分为积极情绪和消极情绪，如喜悦、悲伤、愤怒、恐惧等。每种情绪都有其特定的功能，大学生应学会在适当的情境下表达和体验情绪。其次，应认识到情绪是可以调控的。大学生可以通过改变自己的认知评价、转移注意力、合理宣泄和放松训练等方法，有效地调控自己的情绪。最后，应理解情绪与行为的关系。情绪会驱动人的行为，因此，大学生要学会在情绪波动时，理性地思考和分析问题，避免因情绪失控而做出冲动的行为。

（二）调控期望值

调控期望值，将期望值设定在一个合理的范围内，有利于情绪的调节。在现实生活中，过高的期望值往往会导致心理压力过大，进而引发负面情绪；而过低的期望值则可能导致自信心的缺失、懈怠和失落，影响个体的奋发向上。因此，合理调控期望值，使之保持在适度范围内，对于保持心理健康和积极情绪具有重要意义。例如，在大学生活中，对绩点有过高期望的同学会因为未能达到期望值而感到沮丧、忧郁；对绩点有较低期望值的同学会不思进取、无所事事；而对绩点有着合理、合乎自身能力期望值的同学不仅能很好地完成学业，还能有余力以积极的心态迎接其他各种挑战。

当代社会是一个互帮互助的和谐社会，在遇到困难时，大学生可以向外界寻求帮助，然而，正所谓"世无常贵，事无常师"，世间万物都处于变化之中。因此，大学生也应注意不能将鸡蛋全部放在一个篮子里，不能凡事都将希望寄托于他人，不能对他人具有超越对方能力的过高期望值。否则，一旦期望落空，心理所爆发的极度不平衡感和不甘心情绪便会成为助力消极情绪滋生的肥料。

（三）运用积极的自我暗示

自我暗示是一种心理策略，通过对自我进行积极的思想灌输，以激发内在潜能、提升心理素质并改变行为表现。例如，"望梅止渴""爱屋及乌""画饼充饥"等都是自我暗示的重要表现。

积极的自我暗示对于缓解人的紧张、焦虑情绪具有十分有效的作用，也有利于激励人奋发图强。例如，"苹果教父"乔布斯先生曾说："活着就是为了改变世界。"正是因为他对自己的这一积极心理暗示，始终相信自己具有改变世界的能力，才使得苹果公司得以问世，并成为该行业的重要标杆。

当人们遇到困难或挫折时，积极的心理暗示同样能帮助人们快速走出失败所带来的阴霾，坚强地面对生活，对未来抱有乐观向上的心态。无论是"长风破浪会有时，直挂云帆济沧海"，还是"天生我材必有用，千金散尽还复来"，都是在冷酷现实下对自我的积极心理暗示，让人不要放弃生活的希望，不要让自我主观意志沦为消极情绪的奴隶。

然而，偶尔的自我暗示有利于情绪的调节，但不可过多使用。过度的积极暗示容易使人迷失在自我的世界中，与社会现实相脱节，继而不利于个体的进步和身心健康。

（四）妥善调节自己的情绪

大学生应学会妥善调节自己的情绪，这有助于他们保持良好的学习状态，有助于其实现学习、人际交往和心理健康的全面发展。

若想妥善调节自己的情绪，大学生必须认识到情绪调节的重要性，并采取一系列有效的方法来保持心理平衡。

第一，增强自我认知。大学生应了解自己的情绪触发点，学会及时发现并分析自己的情绪变化。这有助于大学生更好地把握自己的情绪状况，从而采取及时、合适的调节策略。

第二，学会合理发泄。当情绪波动较大时，大学生可以通过运动、倾诉、唱歌等方式将情绪宣泄出来，以此减轻其心理压力。适当的发泄也有助于其情绪的稳定，防止负面情绪的累积。

第三，培养良好的社交能力。与他人建立良好的人际关系，学会倾听和理解他人的需求，有助于缓解情绪压力。同时，积极参与社团活动和志愿者服务，拓宽人际交往圈子，有利于提高大学生心理适应能力，减轻负面情绪的强度。

第四，养成良好的作息习惯。保持规律的作息，保证充足的睡眠，合理安排学习、工作和娱乐时间，平衡各方面需求，有利于大学生情绪的稳定。

第五，培养健康的生活方式。健康的身体状况有助于情绪的稳定，因此，大学生应该远离烟酒等不良嗜好，注重饮食均衡，增加体能锻炼，以此提高心理抗压能力。

总之，大学生要想妥善调节自己的情绪，应从多方面入手，综合运用各种方法，保持心理平衡。在遇到情绪问题时，大学生要学会自我调适，主动寻求专业帮助，以促进心理健康的发展。

（五）建立积极的自我意识

苏格拉底认为："最困难的事情就是认识自己，最容易的事情就是忘记自己。"建立积极的自我意识对于了解自我需求、性格和自我情绪管理十分重要。通过自我意识的建立，人们能更准确、恰当地认识到自身情绪的多样化需求和细微变化。

1. 把注意力集中于成功的经历

建立积极的自我意识，意味着要调整自己的心态，以更自信、乐观的视角看待自己的生活。在这个过程中，把注意力集中于成功的情绪活动经历显得尤为重要。这样做不仅有利于信心的增强，激发追求进步的动力，还有利于保持情绪的稳定。

每个人都有自己的成功经历，这些经历或许看似微不足道，但它们都是我们成长过程中的宝贵财富。把注意力集中于成功的经历，有助于形成积极的自我认知，激发个体潜能。当人们看到自己过去取得的成就时，会更容易相信自己有能力实现更高的目标，继而有利于积极情绪的产生和消极情绪的预防。

2. 从想象和装扮入手

大学生建立积极的自我意识，可以从想象和装扮入手。首先，想象力的培养对人们的自我认知有着重要作用。想象力能够帮助我们更好地认识自己，发现自己的潜能和优点。一个具有丰富想象力的人能够跳出固有的思维框架，从不同的角度审视自己。其次，装扮也是建立自我意识的重要途径。人们可以通过装扮表达自己的个性，展现自身品位。得体的服饰不仅能让人们更加自信，还能通过这种自信心进一步加强个体的自我意识。

自我意识的建立对于个体的情绪和行为具有显著的调控作用，通常情况下，人们的思想和行为都会与自我意识形态下的意象本体保持一致。

（六）运用正确的放松方式

大学生在调节情绪时可以采用正确的放松方式帮助情绪得到稳定并呈正向延伸。

1. 多做呼吸放松练习

呼吸放松练习对于情绪的调节具有积极作用，有助于降低焦虑水平、提高情绪调节能力、增加血氧含量、改善睡眠质量。然而，一般人呼吸时普遍习惯用胸腔呼吸，为了更好地缓解压力、改善情绪，建议采用腹部呼吸方法进行呼吸放松练习。

进行腹部呼吸练习时应注意几点实践技巧和要点。首先，为了更好地进行深度呼吸，应该选择一个安静、舒适的环境进行练习。无论是站立还是坐姿，都要保持身体舒展，肌肉放松，并将注意力集中在呼吸过程上。其次，应尽量使吸气和呼气的时间保持一致，保持呼吸的深长和缓慢。这样的呼吸方式有助于缓解紧张情绪，使身心更加放松。此外，腹部呼吸时要关注呼吸的连续性、流畅性，避免在呼吸过程中出现中断。最后，练习时不应穿紧身的衣服。

当人们面临压力时，腹部呼吸可以帮助调整呼吸节奏，平衡心跳，从而使身心得到有效放松。通过持续的呼吸放松练习，人们可以更好地应对生活中的紧张和压力，提高心理素质。

2. 听音乐放松

听音乐是一种非常受欢迎的休闲方式，尤其对于大学生来说，在繁忙的学习生活中，它能帮助其放松心情、缓解压力。音乐有着独特的魅力，它可以直接触动人们的灵魂，让人们短暂地忘却烦恼，享受愉悦的情感。

与此同时，音乐具有舒缓情绪的作用。特定的音乐旋律和节奏能够降低心跳速度、减缓呼吸频率，从而帮助人们进入一个更加宁静、轻松的状态。例如，古典音乐、轻音乐等类型的作品在这方面就有很好的效果。大学生在正对课业压力、期末考试时，可以通过聆听这类音乐来调节情绪，从而更好地应对压力。

不仅如此，在聆听音乐的过程中，人们可以将自己代入到歌曲的故事情节中，从而释放内心的情感。许多歌曲也都传达了积极向上的精神，可以帮助大学生树立信心、克服困难。

3. 好好享受运动

运动对于大学生来说，不仅是一种锻炼身体的方式，更是一种有效放松心情和缓解压力的方法。在运动过程中，人们可以将注意力集中在动作技巧和身体感觉上，从而使大脑得到短暂的休息，忘记身边的烦恼。同时，运动能促使大脑释放内啡肽等物质，让人产生愉悦感，有助于缓解压力。并且，运动有助于提高大学生的身体素质。"流水不腐，户枢不蠹，动也。"长时间的学习导致许多大学生身体素质下降，容易出现疲劳、失眠等症状。而规律的运动可以增强心肺功能、提高新陈代谢，使身体更加健康。

我国许多高校都设有完善的体育设施，包括室内外场馆、健身器材等，为大学生提供丰富的运动选择。大学生可以充分利用这些资源，结合自身兴趣选择合适的运动项目，如跑步、游泳、篮球、网球等，并坚持每日运动一小时以上。

（七）合理宣泄不良情绪

合理宣泄不良情绪，对于大学生情绪的调控和管理具有重要的意义。大学生在大学生活中总会遇到一些不如意的事情，这些事情可能会引发负面情绪，如焦虑、愤怒、悲伤等。而这些负面情绪如果长时间压抑在心里，不仅会对个人的心理健康产生负面影响，还可能影响到人际关系和学习生活。因此，学会合理宣泄不良情绪，是每个大学生都需要掌握的一项必要生活技能。而不良情绪的合理宣泄主要可以通过以下几种方式。

第一，适当倾诉。倾诉能够让人们在面对负面情绪时得到他人的支持和关爱。当人们向亲朋好友诉说自己的烦恼时，他们会倾听其心声，并给予关心和鼓励。如此，人们在感受到温暖的同时，也能够逐渐从不良情绪中走出来。同时，倾诉有助于人们客观地看待自己的情绪问题。在倾诉过程中，人们会对事情进行重新审视，从而发现问题所在，进而能更好地调整自己的心态，以积极的态度面对生活。不仅如此，倾诉还可以提高人们的心理承受能力。通过不断地倾诉，可以增强其心理韧性。长此以往，在面对不良情绪时，人们能够更加从容应对，不会轻易被情绪所左右。

第二，放声哭泣。放声哭泣有助于释放压力和负面情绪。著名心理学家迪拉克曾经说过："哭泣是一种非常有效的自我疗愈方式，它可以帮助我们摆脱负面情绪，让心灵得到净化。"通过哭泣可以将内心的痛苦和烦恼宣泄出来，让心灵回归平静。

第三，参加开心的活动。这类活动可以帮助人们学会如何调整心态，以更积极的态度面对生活中的困扰。同时，在活动的参与过程中会促进内啡肽和多巴胺的分泌，能够帮助人们在愉悦的氛围中放松心情，缓解压力。

第四，转移注意力。转移注意力是一种让不良情绪得到缓解的策略。通过注意力的转移，人们可以将关注重心从负面情绪转移到其他积极的事物上，从而使情绪得到调整。这有利于大学生更好地应对压力，保持心理健康，并在面对困难时展现出更加坚强的一面，更好地面对生活中的各项挑战。

第五，反向心理调适策略。反向心理调适策略是指一种通过颠倒思维方式，将消极情绪转化为积极情绪的心理干预方法，它能够帮助人们正视自己的负面情绪。在面对压力时，人们可以通过这种方法认识到，不良情绪并不是什么可怕的事情，而是生活中的正常现象。例如，当遇到挫折时，人们可以试着从积极的角度去看待问题，认为这是一次成长的机会。这样，其在调整心态的过程中，就能够将负面情绪转化为正面能量，从而更好地应对挫折。通过反向心理调适策略这一方法，人们可以学会在遇到问题时，不抱怨、不消极，而是积极主动地寻求解决办法，这也有利于提高其心理承受能力和心理综合素质。

第五章 大学生人际交往能力培养

第一节 网络环境下的人际关系

一、人际关系的重要性

马克思深刻洞察人性的本质，他曾精辟阐述：人之所以为人，关键在于其社会性。一个仅存在于生物层面而缺乏人际互动的个体，无法充分实现人的内在价值和意义。他进一步强调，人的本质并非孤立于个体之内的抽象存在，而是在现实生活中体现为错综复杂的社会关系网络总和。因此，无论对于哪一名大学生而言，对人际关系的正确认知、深入理解和妥善处理，都具有举足轻重的意义。

人无法脱离社群独立生存，人生旅程几乎全程镶嵌在与他人的交织互动之中。人际交往承载着信息传递、思想情感交流以及行为协调等多重功能，它构成了人类社会生活的基石。正值青春年华的大学生，以其活跃的思想火花、充沛的精神活力、广泛多样的兴趣爱好，尤为展现出对高质量人际交往的热切期盼。

在大学这一知识殿堂中，大学生的人际交往不仅仅是一个不可忽视的生活侧面，更是大学社交生态的独特产物。积极健康的人际交往经历，如同砥砺品格的磨石，助力大学生塑造健全个性，增强社会适应能力；同时，也是滋养他们全面发展的重要源泉，促进他们在道德品质、心理健康及综合素质上不断升华。

（一）人际交往是促进大学生身心健康的有效方式

在大学阶段，正值青春年华的大学生正处在人生的关键发展阶段，他们在心理、生理以及社会适应能力等方面逐步迈向成熟。这个时期，每个人都热切期盼能够建立起真诚的友谊关系，对于人际交往的需求尤为迫切，期望通过丰富的人际交往活动不仅满足自身基本的物质需求，更能在精神层面得到滋养和满足。

（二）人际交往可以促进大学生认识自我、完善自我

在人际交往的过程中，我们通过与他人的对比分析，有助于深化对自己和他人个性、特质的理解。遵循"以人作镜，可知优劣"的原则，在大学阶段广泛的社交互动中，大学生能够推动自我成长和完善，通过借鉴他人的优点来弥补自身的不足，从而锤炼性格，磨砺品德，逐步实现对自我全面而深入的认识。他们通过细心观察并解析他人的言行举止来认知他人；同时，也通过他人对自己的反馈和评价，反观自身，进一步了解自己的特点与表现。

（三）人际交往是大学生的社会化进程的必要前提

人的社会化进程是一个不断发展的过程，人际交往是个人社会化的起点和必经之路。我们必须深刻理解到，个体在与他人的互动交流中逐步得到成长、发展和完善，这一过程中，我们需要学习涵盖文化知识、生存技能、社会常识以及适应社会规范所需的各种素养，进而获取参与社会生活的资格。换言之，没有与他人的交往互动，个体的社会化进程将无法顺利完成。

（四）人际交往是大学生实现个性全面发展的重要手段

人的个性除了受先天遗传因素影响外，更重要的是后天环境的影响。心理学研究揭示，若一个人能够在友好和谐的人际氛围中长期生活，那么他将倾向于形成开朗的性格特质，在面对人与事时展现出乐观积极、主动进取的态度。反之，如果一个人长期处于缺乏积极社交互动的状态，没有稳定且良好的人际关系网，那么他往往容易出现明显的性格缺陷。

二、大学生人际关系的特点

大学生在进入大学独立生活中，对于大学中的人际关系会产生更高的需求，人际关系能够帮助他们获得学习的机会，满足内心需求，保障了学生能够融入集体和社会。随着高校在网络环境下的开放程度增强，大学生在人际交往方面也形成了开放、多元的特点。

（一）交往对象的范围扩大

随着市场经济的发展，人际交往不再局限于亲属群体之内，其范畴得到了大幅度延伸。大学生的社交圈子从过去的亲戚、邻居以及成长伙伴逐渐转向大学同学以及在各种社交场合中结识的其他人士，其中以与同学之间的交往最为密切。大学生生活在朝夕相处的集体环境中，丰富的交流机会、相似的生活体验、共同的学习任务，使得他们主要选择室友、同班同学、同乡作为交往对象，围绕学习探讨、休闲娱乐、思想碰撞和情感沟通展开互动。他们较少受到社会经验和传统观念的局限，思维活跃且开放，积极尝试突破现有的社交圈层，以全新的视角和标准去拓展交往边界，寻求更多优质的伙伴。那些交往能力强的学生不仅限于本班级，很多大学生已经跨越了年级甚至院系界限，与同校不同年级的同学、外校学生及社会各界的朋友建立联系，积极参与到丰富多样的校园社交环境中。这种趋势不仅体现在同性间的交往，异性间的交往也同样频繁且活跃。

（二）交往的频率得到加强

由于网络环境下，大学生人际交往的机会增多，也使得大学生的交往频率得到普遍增强。当前大学生进行人际交往不仅是学习互助和偶尔的聚会，而是会成为大学生日常生活的一部分，大学生借助便利的交际工具，可以在娱乐、生活等各个方面进行交际，同时也体现出线上、线下同步进行的特点。

（三）交往内容多样化

大学生在交际过程中，最主要的动机是能够满足自己的兴趣需求。其内容会涉及学习、娱乐、生活、爱情、思想交流等多个方面。在学习方面，大学生愿意与同龄人交换学习的信息，尤其是对于未来的职业生涯产生更多的兴趣。在娱乐方面，大学生通常会按照个人喜好来选择交际对象，会通过校内的社团和校外共同爱好的人群进行交际。在生活方面，大学生会通过交际来满足在心理上的愿望，包括情感倾诉、爱情的满足等。

（四）交往动机复杂化

目前，大多数的大学生在进入高校学习后，都会有计划地安排自己的课内课外生活，他们所进行的交际活动也往往会与个人的发展有关，而不是仅仅进行情感交流。这种交际需求使得大学生的人际关系变得理性化，当一些交际活动更有利于自己学习和发展时，大学生就会产生更大的兴趣。在有些情况下，大学生也会让交际活动更加功利，包括为了保研、升任学校干部而进行与他人的交际。

（五）人际交往的多元化

当代大学生所处的独特生活环境和思想氛围，决定了他们在人际交往方面展现出更广阔、更具互动性和多样性的特点，相较于中学阶段有了显著提升。他们对于人际交往的需求更为强烈，渴望通过与他人的交流互动来拓宽视野、积累知识、掌握待人接物的技巧，并借此机会展现自身多方面的才华，以实现情绪的平衡稳定，保持充分的自尊心和自信心。大学生群体思维活跃、精力旺盛、兴趣广泛，拥有充足的时间去深入思考并实践人际交往，他们富有理想主义情感，追求志同道合、和谐共处的人际关系。然而，随着年龄的增长，大学生对人际交往的热切愿望会有所减弱，这主要与高年级学业压力增大、与未来职业联系日益紧密有关；同时，大学生的兴趣爱好和人格特质逐渐趋于定型，人际交往从多元化的探索逐渐向一元化的目标聚焦发展。[①]

三、网络对于大学生人际关系的影响

随着网络成为大学生日常交际中的重要工具，网络也对社交中的人际关系产生了诸多影响。一是网络环境会消解一部分在现实环境中的社交因素，让人与人的关系产生了许多不确定性，其中最重要的就是交际中的信任感变差。二是网络会形成新的人际关系概念，让人们的交际行为和交际对象都产生了很多变化。三是大学生的人际信任是网络社交活动中一项需要重点研究的问题，信任既产生于人的主观意志方面，也来自网络对于人的影响。因而，要分析大学生的人际信任关系，应该以大学生为主体，以网络为重要因素，从二者的相互关系上进行研究。

（一）大学生个人因素

在人际交往的过程中，信任关系得以构建，而作为交往的核心参与者，个人特质无疑在塑造人际信任方面扮演着关键角色。针对网络环境下的大学生群体，

---

① 张萍. 大学生心理健康教育 [M]. 重庆：重庆大学出版社，2022.

要想全面剖析影响他们人际信任的各种因素，就必须要对大学生的个体特性进行深度探究。

1.社会信任危机加深了大学生的信任危机

在当前的社会中，受到多种利益关系和网络环境的影响，许多失信问题频发，人与人也开始缺少信任感。这种信任危机的环境深刻地影响了大学生的人际关系，使得他们在与别人相处时也往往着重考虑利益，但对其他人难以产生信任感。但在人际关系的形成过程中，人们还需要依靠良好的道德品质，将自己的人格特征展现出来，形成人际交往中的言行举止。如果大学生在人际交往中，人格、品质因素遭受到了压制，那么就容易使其人格难以健全，其适应社会环境的能力就不会加强，社会中有关真善美的品格也无法进入大学生的心中。

大学生作为在生理上已经走向成熟，且受到了完整教育的群体，在心理和人格上的成熟最为关键。这种成熟过程，都需要大学生融入社会环境，与社会中的各类人群建立关系才能实现。目前来看，我国的高校在育人过程中，对于知识教育的优先级更高，对于大学生人格的完善则不够重视。大学生在人格教育过程中，往往是通过自我的摸索来实现的，在很大程度上要依靠他们自己所能接触的社会环境。随着网络在大学生群体中的普及，大学生进行的社会交往、自我教育等活动也往往通过网络来进行。网络环境暴露了社会关系中较多的阴暗面，使得一些不道德的言行持续放大，在很大程度上会让大学生出现更严重的信任危机。

网络对于大学生人格方面的影响主要体现在以下方面：一是任何人在网络的隐蔽环境下，都容易出现言行的失范，人们会无所顾忌地在网络中将自己的情绪、有害观点发布出来，将心理的阴暗面暴露给其他的用户，从而产生相互的影响。二是在网络中，围绕流量和利益开展的活动越来越多，网络中的诈骗、犯罪和虚假消费现象越来越多，对于无法认清社会中不良现象的大学生充满了陷阱。三是大学生如果出现了网络成瘾问题，会对现实生活产生更严重的不信任感，其中包括对自己的学习责任产生更大的压力，对于身边的人群更加难以进行沟通等。

总之，大学生人格方面出现的问题会在网络环境中得到放大。许多大学生会因为网络环境的影响而出现妥协，并且改变了自己的想法而向网络环境靠拢，在言行上出现了许多失范问题。

2."杀熟"现象影响了大学生的信任行为

当许多人专注于为个人利益而生活时，就会有越来越多的人利用人与人之间的道德、善良、信任来换取物质利益，使人际关系遭受到了破坏。由比在社会中形成了许多"杀熟"的问题。我国的传统道德文化十分重视人与人伦理关系、朋友关系，会因这种关系而产生同情与帮助行为，但在金钱利益的刺激下，一些人就会利用这种道德情感，以情感来骗取金钱。例如，许多人利用自己的熟人关系，开展"传销"等非法活动；或是利用自己的熟人关系，实施骗保、借贷等活动。这些行为都严重影响着人与人之间的信任关系。目前，这种问题已经在一些校园内出现，许多大学生在初步建立人际关系过程中，有可能遭遇到被欺骗的问题，使得他们对于与熟人和陌生人的相处，出现了信任上的危机。

"杀熟"现象的日益凸显，揭示了当前社会信任机制存在的重大问题。在一个人际关系信任度高的社会里，个体若要实施"杀熟"，将面临极高的道德和社会成本，一旦发生此类欺诈行为，可能造成的信任裂痕无法轻易修复。由此推断，在高信任度的社会环境下，"杀熟"行为是被强烈排斥的。社会转型步伐加快，经济改革不断深入，人口流动性增强，人与人之间的重复交流减少，人际关系趋于冷漠；然而，我国针对"杀熟"这种严重危害社会行为的相关法律法规建设滞后，导致这种破坏性较大的欺诈行为有愈演愈烈的趋势。

在校园环境中，"杀熟"现象的普遍化对大学生群体产生了深远且负面的影响，不少大学生不仅成为"杀熟"行为的受害者，也在某种程度上转变为这一不良风气的模仿者。在校园内部，大学生在诸如奖学金角逐、优秀学生评选、入党资格争取以及至关重要的就业竞争等多个方面展开了激烈的较量。因此，对于大学生在现实与网络双重环境下所展现的"杀熟"心理及其行为表现，我们应当给予高度关注，并积极引导他们建立起健康、公正的竞争意识与人际交往原则。

3. 大学生安全感的缺乏产生信任危机

大学生的年龄主要集中在18岁至25岁，自我效能是人们参与某些活动时，对最后的结果生成的一种主观评判，当人们能够取得某件事的成功时，其自我效能也会持续增长。自我安全感主要是个人对于其所在生存环境产生的心理感受，安全感的提升主要在于良好的生活条件和人际关系。大学生由于在心理健康素养上处于波动状态，在遭遇一些事情后，会出现心理上的较大不稳定性，会在感受上出现安全感和自我效能的降低。目前，社会环境对于大学生的生存压力较大，让大学生不得不面对更为复杂的社会竞争，在与人相处过程中也需要小心谨慎，这些都加重了他们对于社会的不信任，使其在心理状态上处于安全感较低的层面。

据调查显示，大学生的安全感受制于多方面的因素，主要的包括个人家庭生活条件、个人学习成绩、个人的人际关系以及对于未来发展的担忧等。大学生在三、四年级以后，会面临着考研、就业等方面的问题，会形成较大的心理压力，使其安全感产生了不稳定性。许多大学生能够适应学校中较为简单的人际关系环境，但对于社会中的人际关系依然缺少适应力和信任感，这会让他们以过度怀疑的心态进入社会。网络环境中存在着不健康的人际关系模式，也会让大学生始终难以对人际相处产生安全感。

（二）网络环境因素

互联网的诞生为网络技术的演进铺设了基石，而网络的兴起则从根本上重塑了信息传递的方式以及人际交往的形式。大学生群体作为网络工具的主要使用者之一，在利用网络进行沟通交流时，深受网络信息传播缺陷的影响。在网络交往的虚拟化情境下，加上"去中心化"带来的信息极度分散，信任问题极易滋生，甚至可能引发信任危机。

1. 网络环境下信息传播的隐蔽性缺乏高信任度的基础

如果大学生经常接触到网络中的虚假、浮夸和片面的信息，就会对各类信息传播渠道都产生怀疑。尤其是网络中的自媒体、商业平台、个人用户进行的过度营销、虚假宣传，对于大学生信息素养的影响较大。要想解决这一问题，就需要让大学生能够拥有一些正规的、严谨的网络信息获取渠道，其中权威性的媒体平台、正规的知识学习平台有利于大学生的健康成长。高校也可以自主建立学习和社会信息交流平台，引导大学生能够正确上网。

2. 网络环境下信息的虚拟性降低交流双方言行的可信性

网络中数字信息的传播，是其虚拟性的根源所在，其中网络中的用户和内容信息都是以数字化的形式而存在的，因而必然产生了相当程度的虚拟性。虚拟性可以帮助用户形成一个或多个新的身份，也让所传播的信息产生了虚假性。第一，用户身份的虚拟性容易形成网络的失范行为。许多在社会中拥有正常生活和身份的人群在网络虚拟身份的掩护下，会有意或无意地制造许多虚假信息，发表内心中的不健康观点，污染了网络的信息环境。例如，由于网络中更注重吸引人们的注意力，因而许多人会通过危言耸听、炮制谣言的方式来获取关注。第二，网络传播的机制产生了很强的虚拟性。在当前的网络中，权威性、中枢性的信息传播媒介已经不再发挥"把关人"或"意见领袖"的作用，而信息主要是通过平台至用户或是用户至用户的渠道来快速传播。大学生在网络中需要形成很强的辨别能力，能够从复杂信息中提取有价值信息。网络中的虚拟性会让人产生盲目相信或是互相不信任的结果。大学生在这种虚拟环境下，会逐渐产生对现实生活的不信任感。同时，大学生沉迷于自己在网络中的虚拟身份或是过多地接收虚假信息，会出现更多的心理危机。

3. 网络环境下身体的缺陷性助长了人际信任的危机

网络中的人际关系不仅映射了现实中的人际关系，而且也会在网络的虚拟环境下，创造出新的人际相处方式。首先，网络中的社交活动通常会建立在虚拟身份的基础上，人们所进行的现实行动会被隔绝在网络之外，因而通常虚拟身份就会成为网络人际交往的主体。许多人因此会营造自己的网络身份，用一些虚假的包装来形成虚构角色，其所产生的言行具有一定的欺骗性。例如，人们利用网络工具，对自己的外貌、经历、社会身份等都可以进行伪装，从而达到自己的网络社交目的。其次，网络人际关系会打破时空限制，让人们能够进行跨地域、跨文化的交流。在现实人际关系中，人们会按照传统的伦理关系、生活关系、生产关系等来建立联系，形成了亲戚、同事、邻居等关系，这种关系往往是比较牢固的，可以帮助人们沟通情感、调解矛盾、处理现实中的事务。在网络中，人们会按照某些虚拟化的符号来建立关系，人和人之间虽然能进行信息交流，但难以在情感上进行沟通。最后，网络中的社交活动让人的身体缺失，使得人们无法互相了解。人的身体形态和身体所进行的行动也是社交关系的一部分，当身体缺失时，社交关系也缺少了实际的基础，这导致了人们无法用肢体语言、表情和现实活动来补充语言文字交流的不足。

（三）社会环境因素

网络环境下的人际信任与现实生活中有所不同，但其在大学生群体中的表现仍受现实社会中多因素影响。物质世界和社会环境是信息产生的基石，脱离现实创造的信息如同无源之水、无根之木。人虽能创造出网络工具，却无法完全生活在虚拟环境中，因此，网络社会本质上是建立在物质社会基础之上，人际交往及信任问题同样受到现实环境的深刻影响。

健全与发展适应现实社会的约束机制，如法律法规、公共道德和社会舆论等，是保障社会正常有序发展的关键。我国目前在处理人际交往中出现的信任危机时，缺乏专门的法律法规进行规范和约束，导致现实中不守信的行为增多，特别是在熟人社会中"杀熟"现象普遍，加剧了社会信任问题，甚至引发了信任危机。

网络社交行为的监管一直是一个比较复杂的问题，既不能对人们使用网络进行过度管束，也不能让监管机制长期缺失。网络中许多失范的言行超出了现实的道德范畴，会让人们的道德产生危机。但法律、行政的监管机制往往难以对道德做出约束。目前，对于网络的监管，主要出现在违法犯罪行为上。同时，对于网络中的造谣行为做出了法律上的约束。但还有许多网络中的言行，没有构成对于法律的挑战和对社会的破坏，但却在网络用户的心理健康和道德范畴内产生了不利影响。在这样的网络环境中，大学生也会加以效仿，而且也会加入网络中的失范言行当中，并且对于网络环境产生了信任危机。因此，高校面对大学生网络环境下的心理健康成长时，一方面需要在校园环境中通过现实的社交活动，使大学生能对自己的言行自我管理；另一方面要让大学生在网络中加强对虚拟信息和虚拟身份的识别，并让自己能够保持言行上的一致，使自己的道德品质不受网络风气所影响。

第二节　大学生人际交往的现状

一、大学生常见的人际交往困扰

（一）缺少知心朋友

在家庭中依赖父母，在外则需朋友相伴。有些人日常与同学们三五成群游玩，看似热闹欢乐，然而在内心烦忧时却发现身边缺少可以坦诚倾诉的对象，多数仅为泛泛之交，缺乏能够深深信任、理解自己的知心朋友。

（二）不善交往

部分大学生未能充分掌握和运用人际交往的技巧与知识，在交谈过程中显得过于刻板，书卷气过重，即使心中充满感激之情也无法流畅表达。有的人在沟通方式上不够讲究艺术性，如劝导他人、批评他人或拒绝他人时方法不当。有的人在交往中忽视基本准则，例如开玩笑不分场合，不懂得尊重对方颜面，或者言语粗鲁无意间伤害了对方自尊，抑或是对他人风俗习惯的不尊重，这些都阻碍了同学间更深层次的交往。有的大学生倾向于等待他人主动关心自己，主动发起交流，而自身始终处于被动状态，因此在交往中常表现出羞涩、胆怯、自卑、孤独、嫉妒甚至恐惧的情绪。

（三）与个别人难以相交

大学生活中，集体共处是常态，而在这样的环境中，不可能每个人都对我们抱有好感，我们也会遇到一些不尽如人意的人，比如生活习惯不良、言谈举止粗俗、表里不一者……有的人能与大多数同学和谐相处，但总感觉与个别特定个体无法建立起友好关系，见到他们便会感到心里不适。

（四）不敢交往

有的大学生性格内向、腼腆、胆小，与他人交流时面红耳赤，说话结结巴巴，甚至不敢同他人讲话。人们在同陌生人的交往中，或者是在正式场合与其他人交流过程中，难免会产生一种紧张、恐慌的状态，但有的大学生通过自我的状态调整，会逐渐消除交际心理的不稳定性。但有一些大学生在人格心理上本身就存在着自卑、恐惧等问题，在人际交往中就会加重心理的不稳定性，主要表现为在进行语言表达和人际接触时会容易出汗、心跳加速、动作不协调等；在对话过程中，他们也不敢正视对方的面部，语言表达也较为混乱，无法将自己的想法、观点准确地表达出来。如果长时间处于这种状态，这些大学生在心理上就会不愿意去人多的地方，不愿意与其他人交流，在以后适应社会过程中，就会给自己的职业生涯发展带来很大的阻碍。

（五）不愿交往

大学生在学习过程中，常常会因为外界环境的影响，产生不愿意参与人际交往活动的心理。一些大学生将大部分精力都放在了学习上，自己的生活过于单一，不参与同学之间的交流、不主动进行社会实践，使得自己越来越不愿意交流。一些大学生在高中时期虽然成绩优秀，但进入大学后失去了领先优势，从而产生了不自信的心理状态，更不愿意与其他人交流。一些大学生则更愿意在网络中参与社交娱乐活动，将课余时间都用于网络活动，因而更加不愿意接触自己的现实生活，这些问题都是大学生不愿意交往的现状。

二、影响大学生人际吸引力的因素

（一）相似因素

人际关系中吸引力的产生最直观的方面在于交往者之间能够产生共同点。人们在任何方面产生的相似和共同因素，都会成为促进人际关系发展的基础动因。例如，共同的性格、喜好、需求、价值观、情绪等都会让人与人之间产生吸引力。大学生在交往过程中，也主要是依靠相似因素产生的吸引力来形成朋友关系。

相似性能够在人际关系初步产生阶段消除陌生感，并且为社交中的对话创造共同语言。大学生在交往时，离不开相似因素的作用，这种因素可以让形成的人际关系更加牢固，有助于化解矛盾冲突，并且能够在交际双方的思想交流中产生作用。

（二）互补因素

互补因素可以让人们在交往过程中，通过对方的特点来弥补自己身上的不足，从而可以形成团队作用，更好地达成某种目标。因此，互补因素通常用在人们的恋爱关系、同学关系和同事关系中。在大学生进行学习和某些社会实践活动时，可以结合互补因素来构建人际关系，有利于在人际关系中互相学习，共同成长。

三、影响人际交往的心理效应

（一）首因效应

首因效应是人际关系得以建立的第一推动因素，通常来自于人们对于交际对象的主观评价，因而又称为"第一印象"因素。当人们在与陌生人接触过程中，通常会借助第一印象产生是否深入交往的判断。这种印象来自于对方的外表、气质、学识、年龄、语言能力等可以被直接识别的因素。

首因效应可以成为人们建立关系的初始动力，但也容易造成固有印象或刻板印象。在以后的交际过程中，也会影响人们对交际对象产生全面的评价。因此，大学生在交际过程中，不能完全依靠首因效应，而是要通过深入了解来评估自己的人际关系。

（二）近因效应

近因效应是指在人际交往中，由于交往对象的最近信息使过去形成的认识或印象发生了改变，也称"最近印象"。

近因效应是指在人际交往过程中，个体对他人最新、最近的行为或信息所产生的印象具有主导性，从而可能改变甚至颠覆之前对对方形成的认知和评价，这一现象也被称为"最近印象"或"新颖效应"。举例来说，假设你意外发现你最好的朋友曾在背后对你进行负面评价，这让你感到愤怒并质疑他表里不一的态度，进而导致你否定了过去与他的深厚友情，并决定不再继续交往。这就是近因效应的体现，即近期发生的事件强烈影响了你对他人的态度和评价，并对未来交往产生了决定性的影响。

朋友之间出现负面的近因效应，往往源于在交往中遭遇违背自己意愿的事情，愿望未能达成，或者感受到委屈、善意被误解等情境，此时的情绪状态通常较为激动。在情绪激动的状态下，人们对于自身行为的控制力以及对外界事物的理解力往往会有所下降，容易说出冲动的话、做出后悔的事，最终导致不良后果的发生。因此，在面对冲突时，首要之策是保持冷静，尽量避免事态激化。待双方心态平和后，再进行理性的沟通交流，以明确是非曲直。

近因效应给我们的启示：

①认真对待每一次交往，待人始终如一，要有好的开始，也要重视好的结尾，否则再好的"第一印象"也会功亏一篑。

②批评别人的时候，要注意说话的语序，往往最后一席话很重要。

③与他人之间因一时之气而发生冲突时，开诚布公地积极沟通。要记得安慰和道歉，知错马上改，亡羊要补牢。如有误会要及时沟通。

④待人接物不要只看一时，应历史地、全面地看，不能只看一时一事，这样

才可避免因近因效应而导致认知偏差。

（三）晕轮效应

晕轮效应通常体现在人们交际过程中产生的对他人的印象，一些具有明显特征的人会给他人留下较深的印象，使得个人身上的其他特质被一个特殊气质所掩盖。例如，一个外观漂亮的人往往给人一种很深的印象，这种印象会掩盖他身上其他的优点和缺点，容易让其他人对其外貌做出相关的评价。又如，当一个人被其他人身上的一些特质所吸引时，就会产生较好的印象，会在心里产生很高的评价，因而无法做出更全面的评价。反之，如果人在某些方面给人留下恶劣印象，就会让别人忽略了他身上其他的优点。

这种人际交往中的心理效应会让人们经常会在交往中对其他人产生偏颇、不全面的评价结果，也是一些偏见、标签化、刻板印象的由来。当人们利用好晕轮效应时，很容易让自己在社交活动中处于有利地位，包括合理发扬自己的外貌、特长、人格魅力等。但通常时候，晕轮效应产生的结果也有负面的，它会让人们在认识他人过程中出现很多错误认知。一是这种效应会让人产生以貌取人、刻板偏见的心理状态，影响了人们的识人能力。二是容易让人将不想关联的特质联系在一起，对人产生了错误认知。例如，外表光鲜靓丽的人群不一定有着内心的良善；高学历人群不一定具有很高的人格品质等。但人们经常通过主观印象将这些特质联系在一起。三是这种效应容易让人依据他人身上的某些错误和缺陷而进行全面否定。例如，许多教师对一些淘气学生的全面否定等。

（四）刻板印象

刻板印象是指人们在认知过程中对某个特定社会群体形成的固有、概括性的观念。例如，提到浙江人时，普遍认为他们具有商业头脑；一听到四川口音，便会联想到其嗜辣的饮食习惯；而提及知识分子，我们脑海中往往会浮现出温文尔雅、佩戴眼镜的学者形象。这种"社会刻板印象"的现象在人际交往中普遍存在，它不仅体现在我们对已知人群的认知上，即使是对未曾谋面的人群，也会通过间接的信息和资料形成刻板印象。

刻板印象作为一种群体心理现象，反映了社会对某一类人的集体认同感，但同时也忽视了个体间的差异性。在实际生活中，我们必须意识到即使是同一类人群中，每个个体都有其独特之处。

（五）投射效应

投射效应是人们在交往活动中，按照过往的经验和自身存在一些特质对他人进行的投射。通常所说的以己度人就是一种投射效应，主要是指一些人如果自身存在某些特点，就会认定他人身上也会存在这些特点，将一些原本没有的特质投射在其他人身上。这种效应会让人们对其他人产生认知偏差，容易过度相信或过度怀疑其他人的言行举止，往往会让自己在社交关系中处于不利地位。例如，一个多疑的人会始终抱着怀疑的心态来对待别人，且相信其他人也同样多疑，这就会使自己产生信任危机。又如，一个善良之人如果产生了投射心理，会过于相信其他人也是善良的，而这些人往往会成为一些欺骗行为的受害者。

投射效应会让人在认识、了解其他人过程中，更愿意从主观角度出发，会让人忽略其他人身上客观存在的一些特质。在实际交往过程中，如果个人遇到了与自己相近的人，投射效应会产生积极的作用，会帮助人们接触到与自己志趣相投及品质相近的人。但通常投射效应有时会成为一种对他人认知的偏差，成为人们能够客观、全面认识他人的阻碍。

（六）从众效应

从众效应，是指个体在群体的影响和压力下，会对其原有的观点、判断和行为产生质疑，并倾向于调整自身以与群体的主流趋势保持一致，这也就是我们常说的"随大溜"。在大学校园的日常生活中，大学生常常在无意识间以多数人的意见作为行动导向。集体生活的特性使得大学校园内普遍存在跟风现象。

甚至，部分同学为了追赶流行，不惜通过网络贷款的方式购买名牌包包或新款手机，结果却让自己陷入了"贷款风波"的困境之中。这些都是大学校园中屡见不鲜的现象，生动揭示了从众心理对于个体行为的深刻影响。

大学生过的是集体生活，在这个新的集体中，大都不愿意标新立异，万一错了怕被人笑话或看不起，或者是看见大多数人的意见都差不多，尽管自己有不同看法，可是担心讲出来不会被大家接受，也可能会导致孤立，所以无形当中我们习惯和他人保持一致，随大溜，人云亦云。殊不知盲目地从众会给我们的学习、生活带来很多负面的影响。

第三节 大学生人际交往能力提升

在网络环境下，大学生所进行的人际交往活动超出校园的狭小范围，进行与社会各类人员的广泛接触。但这种更为便利和广阔的交流环境，也会让大学生对于人际关系的信任感降低，使大学生无法从网络交际中得到交往能力的锻炼。为此，高校在心理健康教育过程中，需要重视对大学生网络行为的正确引导，同时开展线下和线上同步进行的人际交往能力教学，使大学生能够正确处理好人际关系、掌握人际交往的方法。关于网络环境下大学生交往能力的提升，应该从网络、个人和社会环境的角度来看待。

一、网络发展的角度

网络因本身所具有的环境虚拟性、身份虚拟性和信息虚拟性，使得人们在交流过程中始终会以不信任的心态来进行，用户难以通过观察、近距离接触对他人产生了解。大学生在使用网络过程中，通常也会在一定程度上舍弃大学生身份，忽略自己受到的教育层次，以便融入网络环境，这会让大学生在思想、言行、举止上受到网络环境的影响。因此，从网络工具的本质属性和网络大环境的发展趋势出发进行思考，是一个至关重要的视角。因此，我们需要围绕网络的独特性，以其特性为切入点，探寻相应的应对策略。

二、大学生自身角度

（一）加强对大学生的网络素养教育

在网络环境下，对大学生人际信任的引导与规范，强化相关制度构建，并设定他们在网络交往中的时空界限和社会规范以及提升网络技术应用等举措具有显著的重要性。

首先，鉴于学校是大学生社交活动和互动的主要平台，提升大学生网络素养的关键一步在于深化学校教育层面的工作，应充分利用并发挥学校在教育上的主导作用，设立专门针对网络素养的课程体系，并配备专业的教学科研团队负责网络教育内容的实施。其次，提高大学生网络素养的过程中，必须紧密关注他们的日常生活实践，通过具体指导他们如何恰当地运用各类网络工具以及如何在网络空间中与不同人群进行有效沟通和交流，使网络素养教育融入日常生活的点滴之中。最后，家庭环境对于大学生网络素养培养同样不可或缺，作为其成长过程中的重要载体，家庭教育在塑造大学生的交往能力和网络素养上扮演着至关重要的角色。因此，我们应当积极推动家长的参与，充分发挥家庭在促进大学生网络素养教育、建立良好人际信任及交往模式方面的作用。

（二）引导大学生需要满足场域的转移

大学生无论在现实生活中的交际活动，还是在网络中的交际活动，都需要进行场域的转移，使自身融入某种社交环境当中。为此，大学生通常需要改变自己的身份和状态，以便与不同的人群进行交流。当前，越来越多的大学生在现实生活中都会面临着学业、就业和家庭生活的压力，现实的场域让大学生在心理上往往处于紧张、恐慌、迷茫的状态，这种情况下，他们就会更倾向于注入一种新的社交场域从而得到心理上的慰藉。网络中的环境就是最适合大学生体验不同生活的环境。从这个方面来说，大学生选择上网，在很多情况下不是为了进行学习，也不只是为了开展社交活动，而是要让自己心理上的压力得到释放，从网络中获得娱乐需要。在网络社交过程中，大学生也会因为社交经验不足，受到一些不良言行的影响，包括盲目地去相信一些虚假的信息，盲目地相信别人，成为网络消费和网络诈骗的受害者等。例如，当前很多大学生陷入了网贷陷阱，就是大学生缺少社交中的辨别能力的结果。

针对大学生在网络社交中出现的一些问题，高校需要重视对大学生进入网络场域中的引导，要从大学生心理健康方面、大学生信息素养方面和大学生网络道德方面进行监督和引导。一是高校需要将校园打造成为对大学生更加适宜的学习生活环境，鼓励大学生参与校园文化娱乐活动，能够从与同学、教师的交流过程中提升实践能力、社交能力。二是高校应在大学生的现实生活中对大学生予以实际的指导。面对大学生存在的就业压力、生活压力，高校要充分创造良好的环境，一方面要加强大学生的就业创业指导，一方面对于生活上出现困难的大学生，用助学金、奖学金等方式给予帮助。辅导员、教师、团委等应关心大学生的思想道德和心理健康，及时提供心理健康指导。三是通过校园课余文化活动的开展，让大学生的日常生活丰富起来。要通过学校组织和学生自发组织，让学生能够参与自己感兴趣的社团活动，充分发挥学生的特长。

三、现实社会环境的角度

大学生是社会中十分重要的个体，将来要通过就业、创业等成为社会中重要的创新人才，并成为社会建设事业的接班人。大学生只有能够适应社会的发展环境，顺应时代对于人才的需求，才能将自己在大学期间学习的知识、能力用在社会生产中，并在社会发展中体现自己的价值。个体逐渐融入社会关系主要的过程是从独立的个体进入到社会生产关系体系中，通过与他人的交流来建立联系。因此，社会交际能力对于大学生融入社会是十分重要的。人际关系的形成，关键是要能够在社会环境中取得其他人的信任，并且能够对自己所处的组织环境产生信任。其中最主要的是能够得到用人单位和单位人员的信任，从而建立稳固的工作关系。目前，大学生在融入社会环境过程中，往往是通过网络媒介来进行的。网络环境是对社会环境的反映，但也不能完全等同于社会环境。尽管许多大学生能够很好地融入网络，在网络中建立了自己的关系，但其社会适应的能力反而下降，突出体现在自己的社会交际能力不足，产生了对交际的恐惧心理。

高校的人际关系教育则需要以现实环境为基础来进行，大学生无论是进行现实中的社会交际，还是在网络中进行交际，都需要建立人际关系中的价值观基础，从而形成人际交往中的行为准则。

首先，在现实社会背景下，对大学生进行人际信任与价值观教育至关重要。这意味着引导大学生依据社会发展普遍规律，深入理解人类大群体的发展趋势和交往模式，并能准确把握自身基本需求，从而构建起一套适应时代、清晰明确的交往价值体系和信任规则。这一过程对于他们在不同情境下做出合理的行为选择和价值判断具有决定性作用，不仅适用于现实生活，也同样对网络环境下的交际信任具有深远指导意义。

其次，强化大学生在人际交往中的责任感培养是必不可少的环节。无论是身处现实社会还是网络环境中，大学生都可能表现出各异的权宜之计或越轨行为，尽管这在一定程度上与所处环境有关，但主要原因在于交往过程中责任意识的缺失。因此，大学生人际关系责任感的形成，需要处理好个人与他人之间的权利、义务关系，能够对关系的建立形成责任感。对他人的责任，在于能够对他人产生尊重，包括尊重他人的人格、观点和个人权利。同时，还需要在与他人合作的过程中，明确自己的责任，能够让自己尽到职责。

最后，高校应通过现实的实践来提高大学生的社会适应力。高校对于人才的培养，不仅要体现在知识、智力教育上，还需要重视实践能力教育。社会实践必然伴随着人际交往活动，要让大学生能够在实践活动中与他人交流观点，形成互信关系，能够围绕一项工作目标来开展合作。实践能力的培养，仅靠网络是不够的，还需要让大学生在社会的生产劳动中获得经验。

第六章　大学生心理危机的防范

第一节　大学生心理危机的分析

随着社会的发展，竞争变得日益激烈。学业、就业以及家庭关系不和谐等因素的压力使得大学生在学习成才、人际交往、求职就业、人格发展方面易产生心理困惑，陷入心理危机。

一、大学生心理危机产生的内在因素

（一）人格特质

人格指个人在现实生活中长期表现出的内在心理结构和外在行为模式。它决定着个体对外界环境和社会信息的认知解读方式以及面对不同情况下的应对模式。人格形成于个体自身的生理气质和成长环境的影响。生理气质主要指天生的生理特征，如性别、基因遗传等。而成长环境则影响个体在成长过程中形成的各种心理特质，例如性情脾气和社会属性等。这两大影响因素共同决定着一个人的整体人格结构。其中，生理气质决定基本的感觉模式；而成长环境影响更多的是认知和行为选择上的倾向。在大学生个体面临心理压力时，其人格结构中的各个要素共同或者独立地发挥作用，影响其理解和应对能力，最终可能导致心理危机的产生。特别是生理气质决定的敏感性和情绪属性以及成长环境培养的内向外向等性格倾向，是影响大学生心理危机最深的两个人格层面。

1. 气质

人格中的气质是决定个体基本心理特征的重要因素。气质形成于生物学基础和遗传因素的共同作用，主要包括胆汁质、血气质、黏液质和抑郁质等类型。不同气质决定了个体在感知、情绪表达和应对方式上的天然倾向。而每个气质类型本身都不足以判断其优劣高下。因为每个气质在不同环境和成长阶段，都可能表现出不同的特点。但长期研究表明，胆汁质和抑郁质两种气质类型在面临压力时，

更易产生极端或消极的心理反应。胆汁质易表现急躁冲动的天性，情绪表达不易控制，在关键时刻难以理性思考。抑郁质过于敏感内向，面对社交和困难更难保持平衡心态。这些与这两种气质的生理机制有关。然而，气质决定的仅是潜在倾向，个体在成长过程中，依然可以通过练习调整自己。正确了解各气质的特点，有助于个体识别自己的弱点，采取有针对性的方式增强心理韧性。

2. 个性

个性是一个人的总体心理特征，主要体现在先天形成的气质和后天养成的性格两个方面。气质被视为与生理结构相关的基本心理倾向，包括胆汁质、血气质等类型，各种气质本身没有优劣之分。而性格则指在社会互动中形成的稳定行为模式，影响个体面对生活事件的认知和应对方式。长期研究发现，具有某些特定性格特征的人，在遭遇危机压力时更易产生心理问题。比如，性情敏感的人，情绪体验深刻但容易受外界影响，难以迅速调整情绪状态；性格内向的人容易将注意力长期集中在自身，而不是采取有效行动解决问题，这会加剧消极情绪的影响；性情孤僻的人由于不善交流，难以及时寻求他人帮助，增加应对难度；自尊心过强的人又难于主动求助，长期压抑内心需求，从而累积心理压力。当然，上述性格特征本身并不一定会直接导致危机发生。每个人的气质和性格都是复杂的，都会在不同环境和阶段表现出不同方面。关键在于个人能否正确了解自己的特点，及时调整心理状态，主动争取帮助。同时，社会和他人也应给予体谅和支持。只有充分关注每个人的心理健康，并共同努力，方能最大限度降低危机事件的负面影响。

（二）认知评价

认知理论是心理学研究中重要的理论范式之一。早在20世纪60年代，阿诺德就指出心理压力来源于个体对环境事件的看法，而非事件本身。随后，拉赞特等学者通过实验证实，个体对问题的主观认知与压力反应息息相关。

认知理论认为，人们对困难的感知不仅取决于事件本身的性质，更重要的是个体如何认知和解释事件。每个人都有不同的认知方式和偏差。正确或错误地观察和判断问题，都可能影响压力反应。所以问题不在于外界事件，而在于我们如何处理它。高校环境的复杂变化，需要学生进行更多的心理调适。然而，部分学生在新环境下，可能会产生一些认知偏差，从而影响心理状态。比如，极端的思维扩大倾向。有的学生可能会将一个微小的学业挫折，放大为能力不足或难以解决的障碍，从而产生强烈的焦虑和罪恶感。这实际上是将局部看成全局，难以全面、客观地审视问题。另外，选择性回忆也很常见。有的学生可能只注重自己的弱点，而忽略自身的长处和积极经历。长期浸泡在消极情绪里，也很容易感到抑郁。此外，自我评价能力的脆弱也隐藏着危机。从原来相对稳定的环境转变到大学，很多学生难以适应，导致自信心受挫。有的会全面否定自己，视自己如无能之辈；有的会保持着不切实际的优越感，无法及时调整心理状态。以上认知偏差，如果长期无法纠正，便可能在心理上产生持久的不良影响，从而引发各类心理问题或危机。这主要取决于个体的认知弹性能力。因此，完善个人特质和社会支持制度对学生认知训练尤为重要。如培养辩证和全面性思维，劝导面向现实积极思考，树立成长性的自我概念等，都有利于增强御危能力，应对生活点点滴滴中的困难。只有不断完善心理素质，才能在变化万千中保持心理平衡。

（三）大学生自身特点

大学生正处在人生成长的一个重要时期，他们正在从青少年向成年人快速转变，但又未完全实现。这时期的特点就是正处在迅速成熟但未完全成熟的状态交替之间。与此同时，大学生正面临着各种重要的人生选择，如未来规划、人际关系等问题，这需要他们不断思考比较各种可能性。由于身心成长任务增多，问题不断浮现，他们心理负担很重，同时又缺乏完全成熟时的自我保护能力。在这种内在和外在影响下，很容易产生焦虑、自我怀疑等情绪问题，进一步可能引发更严重的心理危机。所以，大学时期被视为心理问题和危机高发期。面对这一特殊成长阶段带来的诸多挑战，大学生需要争取更多社会支持，同时主动培养积极正面的应对能力，以更好地完善自我，顺利成长。

1. 自我意识矛盾

大学时期对于个体来说，是人生发展过程中非常重要的一个阶段。在这一时期，大学生正处于生理和心理机能迅速成熟的阶段，同时也正进行着深入而复杂的自我认知和自我统一性建构。与此同时，他们的认知能力不断提高，面临的选择也更加多样、复杂。所有这些变化给大学生的自我统一性确立带来很大影响和挑战。一些大学生会过分关注内在的自我世界，同时对外界评价和他人眼光也敏感过头。他们的感知能力强，一个极小的细节就可能引起深深的不安和焦虑。而在面临选择时，个别学生则容易过度消耗自己，从而形成明显的自尊心问题。这类自我意识上的问题，如果长期无法很好地解决和调节，就可能积累成为后续产生更大心理问题的原因。与此同时，大学时期也是个体应对压力能力逐步成熟的过程。重大压力或挫折的来临，对这些自我意识混乱的大学生影响尤为显著，很容易就会激发更深层次的心理危机。所以，大学时期对个体自我成长的影响很复杂。一方面是大学生正进行着飞速的成长，另一方面是环境中涌现出许多新的挑战和难点。正确地指导大学生，帮助他们建立一个较为稳定的自我认知体系，既重视内在成长又能够恰当看待外在因素，在面临压力时保持积极正面的态度，对这一敏感阶段的个体发展非常重要。

2. 情绪不稳定性

情绪是人们对外界事物的主观感受，它源于个体对内外环境变化的感知和评判。相比中学时期，大学生的情绪体验范围更广，但外显表达形式往往更加内敛。而正处在快速成长阶段的大学生，其情绪系统尚未完全成熟。他们的情绪往往表现出不稳定、冲动莽撞等特征，难以恰当控制。此外，一些负面情绪如焦虑、忧郁也更易产生。这主要是因为大学生正处在思想转型期，承受较大心理压力和选择困惑。与此同时，由于大学生感受能力强且自信心不足，他们对外界刺激极为敏感。一些小事就可能轻易激发强烈情绪波动。但由于缺乏成熟的自我管理意识，这些情绪往往会带来不可控制的冲动行为。尤其是在人际冲突中，大学生难以抑制随之而来的情绪驱动，很容易产生误会和伤害。正是因为这一特点，大学生需要更好地学习调节和运用情绪。他们应抓住成长期的重要机会，积极培养情绪识别与控制能力。同时，学校和家庭也应重视大学生情绪教育，帮助他们在情感发生变化时保持冷静和理性。只有形成这一机制，大学生才能在紧张压力下成长得更加成功与健康。

3. 思维过于片面

大学阶段是个人初步探索社会和自己的重要时期。但是，由于大学生个人经历和社会认知能力尚未成熟，他们在处理个人与社会、理想与现实等重要关系问题上，常常存在不全面和没有科学依据的看法。近年来，不少网络诈骗和"校园贷"事件都引发了大学生心理危机，这往往源于他们在面对社会复杂问题时，难以全面客观理解事物本质。虽然大学生思维活跃开放，但真正进行深层次系统分析的能力还在培养中。同时，个别大学生在价值判断和世界观形成过程中，也容易受各种思潮和观点影响，难以筛选出科学合理的看法作为自己的指导方针。这就使他们在面对重大问题时，往往会做出冲动或不成熟的决定。所以，正确引导大学生全面深入认识社会各领域，培养独立分析问题和判断能力，对他们今后的成长意义重大。高校应搭建平台推广正面思想，帮助大学生形成稳定的价值观和世界观。同时，家庭和社会也应给予大学生以助人自助的真诚帮助，共同引导他们健康成长。

4. 自我管理能力不足

很多原本在家里备受呵护的大学生，上了大学后依然习惯以自我为中心，缺乏独立生活和自理能力的培养。这样的大学生在与人交往时，常常忽视他人的感受，给予命令的口吻，轻易因为细小的事就和他人发生口角或者肢体冲突，从而损害人际关系。与此同时，由于大学强调独立思考和自主学习，但这类大学生自身却缺乏自律的意识和技能，一旦没有老师的监督，他们就容易展现出某些懒惰和无规律的学习态度，比如成天四处游玩，将大部分时间浪费在网络和恋爱上，忽视功课，导致考试成绩常常不合格。他们也会因妒忌其他同学的优异成绩，而恶意中伤和诽谤别人，这无形中也破坏了同学之间的友谊和团队合作氛围。高校在教育工作中还应该加强指导这类大学生培养自立能力和自律意识，让他们懂得独立思考和自理自控。其他同学也应互相包容，多加引导帮助，共同营造一个互助学习和成长的良好学术环境。

5. 应对压力方式消极

大学生作为正处在重要成长阶段的群体，其面临生理、心理压力的能力尚在培养形成过程中。一个成熟应对机制的形成受到个人特质、社会支持等多方面影响，其建设需要长期耐心地指导。如果不能建立健康的应对模式，就很可能会影响大学生今后的健康发展。值得注意的是，大学环境本身的变化也在增加压力来源。与高中不同，大学学习以独立性和个性化为主，缺乏直接监管很可能会给某些自理能力较弱的学生带来新的困惑。同时，大学阶段信念观念和价值目标的修改也会给心理带来一定冲击。这就需要学校加强相应的心理互助体系，如学生心理咨询中心等，给予个体化帮助。在面对压力时，直接暴力攻击伤害他人或自我伤害均不能解决问题根源，也极易造成二次损害。例如，曾有学生因不满情绪殴打他人，进而导致法律纠纷。正确的方式是通过沟通排解，或寻求老师帮助解决分歧。另一类常见的不良应对方式是过度压抑。长期积累的负面情绪一旦触动，可能引发恐慌等更深层次的心理问题，给生活带来障碍。良好的方法是面对现实，审视原因，并采取行之有效的消解措施，如写日记倾诉等。建议大学强化培养学生自我调适的研讨课，帮助他们识别个人强弱项和应对优劣，并给予相关心理辅导。家长和朋友也要给予支持。此外，兴趣社团等非正规渠道也可起到紧急排遣情绪的作用。

（四）身心疾病

大学生身心健康是一个系统工程，需要家庭、学校和社会所有力量共同参与，长期积累与完善，才能真正给予学生全面支持。以下将从生理、心理两个方面来分析问题并探讨解决措施：

1. 生理疾病

从生理方面来看，大学阶段是人体中枢神经和内分泌系统发育的关键时期，任何因素都可能影响身体机能平衡。有些学生可能带着先天缺陷或感染疾病进入校园，这就需要学校医务工作者开展定期体检，给予适当治疗指导，必要时推荐就近医疗资源，减轻病人的生理和心理双重负担。对某些长期病患者，学校还可以根据实际发布重症手册，明确紧急救助流程。

2. 心理问题

从心理方面来看，大学生面临的心理压力有以下几点：学习成绩压力、同伴交往压力、经济方面压力等。如果长期不能有效排解，容易形成抑郁、焦虑等临床症状。因此，高校应建立完善的心理课程体系和咨询中心，开展定期心理评估和短期小组辅导，帮助学生掌握有效的压力管理方法，及早识别和纠正不良思想。此外，也可以组织更多文体活动，通过共同参与缓解情绪。

总之，只有全面行动起来，兼顾生理支持，给心理以正面培育，优化环境影响，大学生才能在成长的道路上，更健康地成长与自强。这需要家长、学校和社会各界长期共同努力与完善，才能形成可持续发展的保障体系。

二、大学生心理危机产生的外在因素

（一）家庭因素

家庭在大学生全面成长发展过程中扮演着不可替代的重要角色。作为个体最初的生活环境，家庭素养的养成常成就于童年时期。在此阶段接受的家庭教育和影响，会在很大程度上成为塑造一个人日后成长的基石，包括其人格特质和初步形成的心理特征。进入大学学习后，家庭在心理健康方面的影响并不会消失。家庭环境本身的健康程度以及是否给予学生足够的支持与关爱，都是影响学生心理平衡的重要因素。不良的家庭环境往往会给个体带来隐性伤害。此外，家长教育模式和态度的差异，也会在一定程度上决定学生面对压力的应对机制。严苛管教可能造成压抑，而过于宽容则易滋生依赖。与此同时，部分家庭遗传病史如遗传性抑郁症等，同样可能增加学生患上心理疾病的概率。所以，高校和家长应共同重视家庭因素这一影响，探讨如何在保持家庭优势的同时，弥补可能存在的不足，共同造福学生，使其健康成长。

1. 家庭环境

父母的人生观和处事态度以及两者之间关系的和谐程度，都会对子女的心理健康成长产生深远影响。一个人世界观和价值观的形成，往往源于对父母的早期认知。如果父母思想观念不一，行为表现不符，或关系不睦，易使子女心理产生困惑。

家庭经济状况也是重要影响因素之一。大学生作为没有经济来源的成员，开支完全依靠父母支持。但经济条件不同，各学生实际生活费用会有很大差异。这对部分家境普通学生形成一定心理压力。另一方面，一些学生可能长期兼职以减轻家庭负担，但这同样会影响其学习进度和成绩，进而引发新的心理问题。

高校与家长应共同思考，如何在保障每个学生基本需求的同时，也重视经济因素对心理健康的影响。学校可以建立援助基金，为真实困难的学生提供适度资助。同时，培养他们正确的价值观和学习态度，使其不必过分仰赖兼职收入，以免造成严重后果。

2. 家庭教育偏差

家庭作为孩童最初的社会化环境，其影响无法被其他因素替代。在这一环境中，孩子通过对家长和亲人的观察模仿，初步建立事物的认知模式，这将为他们今后的成长奠定基石。进入大学后，个体的心理特征已经初显端倪。心理学研究表明，儿时接受的社会化经历将影响一个人终身的认知格局。然而，许多家长在教育过程中存在一定问题，给子女未来带来隐患。一方面，部分家长只注重智商的培养而忽视全面素质的培养，如个性发展、交往能力等；另一方面，由于自身教育水平的限制，有些家长会用一些不正确的观点来误导孩子，或者采取简单粗暴的管教手段。长期以这样的方式教养，容易造成孩子性情敏感、嫉妒易怒、抑郁成性等不良心理特征。此外，以溺爱、忽视或强权管控为主的不良家教模式也很普遍，如溺爱型、忽视型和控制型等。如果不能及时纠正，将会给青少年的成长带来障碍。

（1）溺爱型家庭

当前，"4-2-1"家庭结构使很多大学生成为家庭核心，然而这并不意味着家长能真正了解孩子的需求。部分家长把所有的爱都急切地给予孩子，但忽略必要的约束和培养自理能力。这类孩子从小在宠溺中度过，既习惯享受优越感，也难以体会他人立场。长此以往，他们难免会认为一切都应以自身为中心。一旦某些需求无法及时满足，就可能不顾后果地做出激烈反应。比如，某同学占用他们宿舍的电脑时，他们可能直接使用暴力手段。此外，由于从小过于自我，成年后这种人缺乏同理心，难以了解他人的心理和困难。要解决这一问题，老师和家长应互相沟通，共同制定科学有效的管教方案。一方面，老师需要帮助这些学生培养同情心；另一方面，家长需要适度控制自己的溺爱情绪，注意通过公平竞争机制训练孩子的道德观念。只有全面得到心理和社会支持，这些学生才能成长为自律、友善的社会成员。

（2）孤独型家庭

如今，核心家庭变化和职业生涯需求导致很多孩子陷入"父母忙"的困境。一个是父母工作繁忙，缺乏陪伴；一个是家庭出问题，如离婚、死亡等，造成亲情破裂。在这样的环境下成长，这些孩子充满安全隐患。他们在重要成长阶段日复一日面对空虚和孤独，内心深处极易滋长出自卑、敌视等消极情感。更重要的是，长期缺乏亲情锻铸，他们难以形成公平、慈爱的价值观，也无法建立健全的自我认知与人际交往能力。如何帮助这些孩子呢？学校可以发挥重要作用。比如，组织兴趣小组让孩子开阔视野，丰富业余生活；发展足球、舞蹈这类需要团队合作的项目；还可以指派老师或高年级辅导员定期走访他们，提供心理支持。只有通过这类持续的方式，他们才能重拾自信，健康成长。

（3）压抑型家庭

家长习惯通过强势控制的方式来"教育"孩子。他们未能意识到，掌控是一回事，理解和尊重是另一回事。这种方法长期下去，不但没能培养孩子的主动性和独立思考能力，反而压抑了他们的个性。更严重的是，这些孩子内心某些需要得不到满足。他们渴望亲情关怀，但一直面对的是命令和批评；渴望尊重，却经常承受训斥；渴望赞扬，最多只能得到冷淡评判。这必然给他们心理健康和自尊心带来永久性损伤。要解决这个问题，家长首先要认识到过分控制的危害。他们需要学习更多倾听和理解孩子的技能，用爱与督导替代强迫，以培养孩子主动自律的能力。同时，孩子也需在其他渠道，如学校，获取必要支持，以弥补家庭关心不足造成的影响。

3. 遗传因素

近年来，大学生心理健康问题日趋重大。除外部环境和生活压力影响外，部分大学生由于遗传相关因素，在心理上存在一定固有弱点。现有研究发现，有家族精神疾病史的大学生，其大脑中调节情绪和处理外界信息的神经递质水平可能存在异常。这类人一旦承受剧烈精神冲击或长期情绪压力，便更易激发潜在的精神问题。比如，有些大学生可能遗传了抑郁倾向，在高考或其他生活事件中，由于无法适应和处理情绪，他们就有可能陷入长期抑郁状态。而部分学生可能遗传了妄想或强迫倾向，外界细小变化很可能导致他们产生强烈不安或情绪失控的感觉。

（二）社会因素

虽然大学生尚没有完全踏入社会，但无时无刻不受社会环境的影响，特别是在人生观、价值观和世界观的形成过程中，社会发挥着非常重要的作用，甚至可以说，社会对大学生心理认知能力的形成与巩固起到了关键性的作用。

1. 价值观的多元化

近年来，随着我国社会的快速变迁，大学生所处的社会环境与上一代人截然不同。他们生活在文化交流日益频繁的时代，面临着传统文化与现代社会的双重影响。一方面，大学生作为接受高等教育的知识分子，对西方思想较为开放，容易受现代文化熏陶。他们在宽泛的网络环境中，可以直接接触海量信息。这促使大学生的价值观整体趋向开放与个性化。比如，部分学生倡导个性解放，追求个人潇洒自在的生活方式。另一方面，传统文化的影响也未完全消失。家庭、学校等环境在一定程度上也会强化传统道德规范。这使得大学生面临价值取向时产生困惑和选择难题。他们需要在传统与现代思潮中寻找自己的答案。同时，大学生自身的成长也增加了这一过程的复杂性。他们仍处在价值体系形成阶段，判断和适应能力尚需提升。这容易让一些学生在面对各种价值冲突时陷入困惑无措的状态。大学生需要从多方面获得价值指导，并通过实践与思考建立自身的价值观。

2. 社会竞争的激烈化

当前，我国高校毕业生规模不断扩大，而就业岗位供给难以追及同步增加。

这给毕业生带来了前所未有的社会竞争压力。一方面，大学本科专业设置与市场需求的不匹配，导致毕业生难以直接应聘岗位。同时，招聘门槛不断提高，仅依靠专业知识已难满足要求。这使大学生面临竞争力下降的隐忧。另一方面，高校规模扩张也造成一些毕业生素质回落。个别学生专注于考试而忽略实践锻炼，从而在社会实效能力上显现短板。这也增加了就业难度。再者，部分学生长期受家庭溺爱和教学重言而轻实的影响，缺乏应对竞争的定力和智慧。一旦面临失意，易陷入情绪失控甚至报复社会之中。此外，社会对从业人员的要求也在不断升级。这对大学生提出了更高的综合质量挑战。面对困境，他们需要发挥主动性，掌握自我实现的能力。

　　3. 媒体的不当传播

　　媒体作为信息传播的主渠道，对大学生影响深远。一方面，大学生接触社会信息还不够全面，对媒体报道依赖较大；另一方面，新媒体以快速流畅的形式进入他们的生活圈。然而，部分传统媒体和新媒体在内容传播上存在不当之处，给大学生心理带来一定隐患。比如，一些新闻媒体为追求点击量，给事件添加超级言外之意或附带个人立场，这可能影响学生形成对事物的完整和客观看法。此外，网络博主借机传播不实消息，误导公众情绪，也容易影响心理脆弱的学生。更为严重的是，部分新媒体擅自渲染负面信息，如重播他杀或自杀视频，不顾青少年心理成长需要。这可能导致部分大学生产生不良思想或行为，对心理质量产生潜在危害。同时，业余新媒体内容难审查真伪，也给大学生带来一定的社会风险认知错误。为此，各新媒体平台需要加强自律管理。传统新闻媒体也需保持中立，报道事件完整事实。高校也应充实心理教育内容，帮助学生形成辨别信息来源及风险的能力。

　　4. 网络环境的消极影响

　　网络给大学生学习和成长提供了丰富资源，但也潜藏诸多隐患。首先，虚拟网络游戏成瘾已渐成问题。一些学生沉迷其中，与现实隔绝，难形成正确价值观和学习能力。此外，网络"毒品"信息随处可见。这对心理不堪一击的学生危害极大。一旦误入歧途，后果将难以挽回。同时，"网红"经济在大学生中滋长，他们追求虚荣光环，而忽略积淀真知真能。网络成瘾也可能扭曲学生的社交能力。长期待在网络世界，他们交往能力偏低，心理素质难以得到真实社交的滋养。这无疑为学业和就业埋下隐患。学校与家长需要加强网上监督，协助学生树立正确网络使用态度;同时培养学生足够的自制力,以提高在网络世界中的心理抵抗能力。

(三)学校因素

高校是一个大学生最主要的学习与成长场所。随着我国高等教育规模不断扩大,高校面临着人数激增带来的一定挑战。一方面,高校规模扩大给社会提供了更多高端人才储备,这在实现教育公平性和促进社会经济发展上均发挥着重要作用。但与此同时,高校规模迅速增长也暴露出一些新问题和隐患,这给高校教育质量带来一定影响。具体来说,高校生源质量控制难免存在差异。一些学生优势不足,个人素质难以匹配高校要求。这给教学管理提出了新挑战。此外,随着规模增加,高校硬性条件如教室、实验室等辅助设施难以及时满足需求,资源配置存在缺口。这也影响到教学效率。更重要的是,高校教育理念与工作内容存在待优化之处。部分高校重视模式还停留在传统层面,难以精准把控新情况下的管理需求。

1. 高校需要重视全面素质教育

素质教育应贯穿教育全过程,但高校目前尚未将其纳入整体战略规划中。一些学校往往将素质教育作为次要项目来处理,难以形成完整体系。高校未来应关注以下方面:开设涵盖品德、心理等各个维度的必修和选修课程,强化导师辅导机制,帮助教师了解学生各方面成长情况。同时,高校也需要优化教育理念和评估方式,不能仅停留在成绩层面,而应注重过程和结果的可持续性。此外,高校还应加强与家长和社会各界在素质教育中的沟通与合作,共同参与实施。

2. 大学生管理亟须优化

当前,大学生人数激增,但管理队伍规模扩充不足,导致一名管理人员需照料过多学生,这给管理工作质量带来很大压力。高校需要在以下方面做出改进:一是适度增加管理岗位数量,优化管理人员与学生比例;二是运用移动互联网等技术手段,建立学生信息管理数据库,采集各类实时数据以了解个性需求;三是健全管理流程,包括信息上报等环节,保证问题得到及时解决;四是促进学生参与管理,建立多方沟通渠道;五是持续为管理队伍提供专业培训,提升心理干预能力。

3. 坚持构建正面校园环境

校园环境对学生影响很大。高校需要长期致力于营造良好的校风氛围。一方面,教师和管理人员应引导学生树立进取的学习态度,重视团队合作而非虚空竞争。同时，高校还可以通过丰富和规范各种社团活动来满足学生参与和发展各种兴趣爱好的需求，比如学术社团、体育社团、文艺社团等。此外，高校还应更加重视网络文化的影响。一方面加强对校内论坛的管理，防止虚荣和其他负面观念的传播。另一方面，也要指导学生学会在网上和谐交流，培养网络文明素养。此外，高校也应注重与社区的深入交流。通过开展各类公益活动，让学生参与并感受社会，打开视野，活跃校园气氛。

4.建立有效预防机制系统

高校心理预防工作需要不断完善与优化各个环节。一方面，高校可以适当增加专业心理预防队伍人数，增强日常监测管理能力。同时，高校还要重视现有管理和教师队伍的培训，让更多线下员工掌握基本心理知识和处理技巧，起到及时发现和引导作用。与此同时，高校还要充分利用互联网等工具，构建线上和线下相结合的辅导体系。比如优化在线测评和咨询平台，让更多学生可以便利和自愿获取心理支持。此外，高校还应建立完善的风险学生识别和追踪机制，定期进行评估与诊断，了解个体变化，为下一步工作提供依据。重要的是，高校要加强与社区各类资源的联系互动，形成长效互助机制。

三、大学生心理危机产生的应激因素

应激指个体在面临重大环境变化或需求的时候会表现出的一种心理和生理反应状态。这种反应适度发生时有利于个体调整和成长，但是如果应激反应持续时间过长或强度过大超出个体的承受能力，就容易导致心理问题或危机事件的发生。

在高校阶段，大学生容易面临很多方面的应激来源。经济条件不佳的家庭学生在念书期间的经济负担很重，这对心理是一个隐患。从高中进入大学，学习和生活环境的变化也需要适应，这对心理也是一个挑战。考试、论文等繁忙的学业任务给心理带来很大压力。与新的同学和老师进行交流互动也可能会由于能力差异产生焦虑。此外，青春期的情绪问题也难以很好地调节，给心理带来困扰。毕业后，在社会竞争激烈的就业环境中立足也会增加人生规划方面的重压。

（一）经济状况给予学生隐性压力

当前，高校为缓解贫困生经济困难已经采取了一系列有效措施，如提供奖学金、免宿费等,这些举措都在一定程度上帮助了学生舒缓经济压力。但经济状况仍给不少学生带来隐性影响。来自贫困地区的学生第一次来到城市,会对异地生活有一定陌生感。难免会对其他同学光鲜的外表和富裕的生活产生一定羡慕,在心理上产生差距感,进一步打击自尊心。经济条件决定了学生在家庭环境、价值观等方面都存在差异,这也会影响他们的社交能力和心理调适能力。一些孩子自小负担很重,即使上了大学也难以摆脱内心的沉重负重感。部分家长为支撑子女学习负债还债,这也成为学生隐性压力源之一。在分数竞争激烈的大学环境下,一些学生由于家庭条件限制,难以弥补在综合素养等方面的短缺,进一步引发自卑情绪。一段时间下来,为了自我保护,一些学生会过于封闭自己的世界,缺乏足够社交和心理宣泄渠道。即便遇到困难也难以及时解决,从而形成长期心理压抑。这无疑为心理健康埋下隐患。

（二）适应新环境需长期努力

每个学生来到新的校园都要面临生活和学习环境的调整。这对心理影响巨大。一些学生由于地域文化差异,在饮食、居住等方面难以迅速适应,容易产生不适应感。而集体生活也需要时间搭建新的人际网。宿舍生活的磨合失误也很可能导致短期冲突。适应新的教学模式及自主学习也需长期练习。如果无法及时调整,容易产生孤独、焦虑等负面情绪,并影响专业学习。这将成为潜在心理隐患。

（三）健康学习减轻学业压力

当前,考证热等现象令很多学生面临更大学习压力。为就业投入更多时间也成为越来越常见的现象。高校应引导学生培养健康学习习惯,合理安排时间,兼顾各方面素养的培养,而非仅追求科目成绩。教师和辅导员也要了解个体情况,针对性帮助组织学习计划,避免成绩压力过大影响心理。学校还可以多开设舞蹈、音乐等辅助课程,帮助学生开展兴趣培养,纾解学习带来的压力。只有全面关心,学生才能在轻松学习中成长,而不是因为成绩焦虑而影响心理健康。

（四）人际关系问题难以解决

大学是培养社交能力的重要阶段。但由于诸多原因,一些学生在人际交往上会面临一定困难：首先，青春期学生自我意识形态尚未完全成熟，在处理亲密关系和独处能力上缺乏经验。同时离开家庭环境，急需新同学支持也为处理人际关系带来难处。此外，由于地域文化差异，一些学生沟通方式不同，不易找到共同语言。一些内向性格的学生，缺乏主动交流的意识和手段，容易在社交中感到困难。人际关系问题一旦形成，将对学生各个方面发展产生不良影响。如学习专注力下降，更易产生抑郁等负面情绪。严重者还可能对自尊和自我评价造成影响。高校应重视这一问题。要引导同学重视互助与谅解，同时也应加强心理课程，帮助学生培养必要的交往技巧。

（五）情感问题需要全面指导

情感困惑是影响大学生心理健康的重要因素。高校在此方面工作需要从多个细致层面进行指导。首先要开展系统的情感教育，帮助学生建立正确的爱情观念，识别各种可能出现的情感困惑。同时，高校也应设立专业的心理咨询体系，不仅可以提供定期的线下讨论会，还可以利用校内网络平台开展情感课等线上服务，让更多学生可以获得指导。除此之外，高校在日常校园管理和文体活动安排上，也应注重营造一个理性和睿智的情感环境氛围。培养同学以开放和包容的态度对待彼此，避免传播不良信息，同时开展各类文体活动也可以帮助学生开阔视野，分散过多情感关注。最重要的是，高校还需要通过定期培训等方式，帮助学生掌握良好的情感管理能力，懂得如何面对情感挫折与失意，培养积极正面的态度以应对各种情感困境。只有从多个层面与角度进行全面指导，学生才能更好地解决情感问题，为成长提供保障。

（六）就业指导要全面完善

就业问题同样需要高校从多个方面进行全面指导。一方面，高校应帮助学生搞清楚各行业就业形势，找准自己的兴趣点和长处；同时也要开展职业规划和简历编写指导等工作，辅导学生制定科学的就业目标。与此同时，高校还应加强同企业的合作，为学生提供更多实习和招聘机会，丰富他们的求职经验。同时也要重视法律知识讲座的开展，让学生了解维护合法权益的方法。此外，还应注重提供心理指导，帮助学生应对求职不顺利情境时保持正面心态。

第二节　大学生心理危机的影响

心理危机是大学生时常面临的重要问题，它的表现对于解读内心状态和进行早期干预具有重要意义。心理危机产生于个体在面对重大生活变化或问题时，难以适应并感到压力过大，内心平衡被打乱。这时个体会出现若干身心反应，其实质是危机状态初期的信号。这些表现包括但不限于：情绪波动明显，易情绪低落甚至抑郁；注意力和集中力下降，学习效率受影响；睡眠与食欲紊乱；行为上过于内向保守或外放冲动等。高校应高度重视这些信号。学校应定期开展心理健康问卷调查，帮助教师了解个体状况变化，提供早期预警依据。同时，教师应注意观察每个学生在学习与生活中的表现变化，谨防有所滋长。一旦发现重大变化信号，及时进一步了解情况，给予心理辅导或介入。

一、生理表现

当大学生面对危机时，身体各系统功能会大受影响，生理变化非常明显，常见的表现有手脚发抖、多汗、心悸、呼吸困难、喉咙及胸部梗阻，同时伴有错觉和幻觉，对危机事件相关的声音、图像、气味等过分敏感，对痛觉刺激反应迟钝等。这类表现常出现在境遇性危机中。

二、心理表现

（一）认知方面

1.认知偏差

在心理危机状态下，大学生容易产生一定的认知偏差。主要是因为他们会过于关注导致危机的具体事件，难以将注意力平衡地分配到其他相关方面，从而难以形成事物的全面认知。此外，强烈的消极情绪也会减弱他们区分事物细微差别的能力。这就会使学生在理解问题关系和上下文时产生模糊甚至错误的观点，形成一些不恰当的定式思维。

更重要的是，悲痛情绪的侵蚀会让大学生难以保持理性客观的态度来分析问题。他们往往会带着极端的情绪滤镜来审视外界，从而形成简单化或主观化的倾向。面对问题时，易失去平衡地判断事物积极和消极因素的能力，这就容易让学生形成某些固定而消极的错误思维模式。

2. 极端化的自我评价

心理危机状态下的大学生在对自己进行评价时，常常表现出极端化的倾向。一方面，他们可能过度膨胀自我意识，过分夸大自己的能力，自视甚高，认为自己是最优秀的。他们常常怀有怀才不遇的心态，将问题或困难归因于客观因素、他人或社会。另一方面，他们也可能出现自卑情结，对自己的能力、品质等方面过于贬低，无法看到自己的长处或优势。他们无法以积极的态度看待周围人的行为和对待自己的态度。面对挫折时，他们缺乏自信心，往往盲目地全面否定自己，使自己陷入长期的消极情绪中，甚至自暴自弃。这种极端化的自我评价是心理危机的一种常见表现。它们可能源于个体对危机事件的过度反应和负面情绪的积累。过度膨胀的自我评价可能是一种自我保护机制，试图强化自己的自尊和自信。而自卑情结则可能是因为内心的恐惧和不安，导致对自己的否定和自责。

（二）情绪方面

大学时期是人们心理逐渐成熟的重要转折点，然而大学生在这个阶段的情绪状态往往呈现出更为复杂和多变的特点。他们面临着各种挑战和变化，从学业压力到人际关系的调整，都会对他们的情绪产生影响。适度的负面情绪反应是正常的，如考试前的紧张和焦虑以及失落时的悲伤。然而，当大学生遭遇由学习和生活事件引起的持久悲伤和痛苦情绪，却无法有效地自我调节和解决时，就容易出现各种程度的异常情绪。

这些异常情绪反映了个体心理健康的脆弱性，可能包括恐惧、焦虑、抑郁、冷漠等。这些情绪问题不仅会影响学生的心理健康，还可能对他们的学业表现和人际关系造成负面影响。因此，我们需要重视并积极应对大学生的情绪问题，为他们提供支持和指导，帮助他们建立健康的情绪调节机制和应对策略。同时，大学和社会各界也应加强心理健康教育和资源的提供，以创造一个支持和关心大学生心理健康的环境。这样，我们才能确保大学生能够在情绪稳定的基础上，全面发展并实现自己的潜力。异常情绪主要有以下几种。

1. 恐惧

在危机事件中，恐惧是一种常见的情绪反应。当人们感到受到威胁时，恐惧情绪会出现，并伴随着想要逃避的愿望。恐惧让人感到无助和无能为力，试图避开或逃离具体情境。例如，校园欺凌受害者可能在回到事发地点或与相关人员接触时感到极度恐惧。适度的恐惧有助于提高警觉并启动必要的防御机制，调动身体资源进行自我保护。然而，过度的恐慌或回避行为可能导致心理障碍，甚至精神障碍。

2. 焦虑

焦虑是一种精神障碍，其症状可以表现为急性发作或慢性持续状态。急性焦虑或惊恐发作的患者可能会突然感到喉部梗阻、呼吸困难、紧张恐惧或濒临死亡的感觉。检查结果可能显示心跳加快、呼吸急促和颤抖。焦虑发作可以持续数分钟到数小时，并可能反复发作。在大学生中，常见的焦虑症是由害怕考试引起的考试焦虑。例如，有些大学生在面对难题无法解答时，可能会出汗、心跳加快等，这会影响他们发挥正常水平。

3. 抑郁

大学生遭遇突发危机事件时，考虑到可能影响学习状态和与同学的关系，甚至可能威胁到生命安全，他们往往会产生强烈的心理反应。他们的情绪变得异常悲观，感到心情压抑、沮丧、低落，并对任何事情都失去兴趣。他们对自己产生怀疑，自我评价下降，通常表现为话少、行动独立、不愿与他人交流，感受到失望、孤立、无助和凄凉的情绪。

4. 冷漠

大学生在经历危机后可能会变得冷漠麻木，意志消沉，对人和事物没有情感反应。情感上的冷漠麻木往往导致行为上的孤僻和疏离，不愿与其他同学交往，避免参与集体活动。需要注意的是，这些不良情绪反应只是矛盾和冲突的外显，是人们面对危机时的一种防御机制。如果长期发展下去，可能会带来更深层次的困扰，甚至激发处于心理危机中的大学生背离社会道德准则，产生攻击行为，危害自己或他人的生命安全。因此，我们应该重视并帮助大学生有效应对危机引起的情绪问题，以保护他们的心理健康和安全。

（三）意志方面

在心理危机的情况下，大学生可能表现出意志方面的问题。他们的注意力可能会下降，或者分散无法集中。他们可能缺乏自信，难以做出决定。他们可能会健忘，忘记重要的事情或任务。他们的自我效能感可能会降低，对自己的能力和价值产生怀疑。甚至可能会对生活失去希望，感到无望和绝望。

（四）人格方面

平时性格开朗、积极乐观的大学生在面临心理危机时可能会出现相反的性格表现。他们可能变得内向，更加封闭和沉默。他们可能表现出暴躁和易怒的情绪，抱怨一切事情，甚至认为社会对他们不公平。这些意志和人格方面的问题可能是心理危机中的常见反应。面对危机，个体的心理和情绪状态受到严重的冲击，从而影响了他们的意志力和人格表现。这种反应可能是一种应激反应，是个体在面对压力和困难时的自我保护机制。然而，这些问题也可能加剧个体的心理困扰，影响他们的日常生活和学习。缺乏注意力和决策能力可能导致工作效率下降和学业成绩不佳。自信的缺失和自我效能感的降低可能影响个体的动力和积极性。而消极的人格表现可能导致与他人的关系紧张和冲突。

三、行为表现

心理危机中的行为表现是大学生为排解和减轻痛苦感而采取的一些防御手段。行为变化又与情绪变化密切相关，不良的情绪必然导致行为的异常。在心理危机状态下，大学生常见的行为表现有极端行为和消极行为。

（一）极端行为与心理危机

极端行为是判断个体是否产生心理危机的重要考量因素之一。据研究显示，在应激状态下，人的行为表现主要包括三种类型：变相依赖行为、反常行为频繁和替代性攻击。这三种类型的极端行为，如果长期持续下去，很可能会导致个体心理危机的产生。

1. 变相依赖行为

布鲁克等学者通过研究发现，在应激状态下，个体容易采取变相依赖的方式来应对困难环境。这一类型的变相依赖行为在大学生群体中表现为常常依靠吸烟、饮酒和暴饮暴食等不良行为来减轻压力。但是，这类变相依赖行为实际上是徒劳的，它本质上属于一种逃避的心理机制。吸烟、饮酒等行为仅能在短期内起到一定的放松效果，但长远来看无法真正解决应激事件本身，反而容易形成依赖性，进一步加重个体的心理负担。

2. 反常行为频繁

反常行为频繁是应激状态下个体另一常见的表现形式。在大学生群体中，这种反常表现主要包括：课堂难以持续集中注意力、睡眠质量下降严重、个人卫生与外表管理能力下降、精力消耗、孤立自守的行为模式等。这些行为的频繁出现，预示着个体正在面临着心理压力，没能找到有效的应对机制。

3. 替代性攻击

替代性攻击指的是个体为发泄内心压力而选择替代目标进行攻击的行为。据观察，大学生在这种状态下容易选择某些无法还击或外形较弱的对象，如动物、物品进行无理取闹，以缓解心理不适。这表明个体难以通过建设性方式管理自身情绪。

以上三种类型的极端行为，如果持续时间过长，表明个体在应对重大生理压力方面缺乏有效机制，这可能预示着心理危机的发生。因此，及早监测这类行为异常，采取指导干预，有助于预防心理健康问题的加重。

（二）大学生面临危机时的消极应对模式

进入大学后，由于生活环境和人际关系的变化，很多大学生在这个重要阶段都难免会面临一些矛盾和困惑。这往往会带来一定程度的心理压力，如果没有得到及时有效的引导，容易采取一些消极的应对方式。根据研究显示，大学生在危机面前最常见的三种消极应对模式分别是：

1. 逃避或回避

对于初来乍到的大学生来说，陌生的新环境必然会产生一定的不适应感。一旦遇到人际矛盾或学习难题，他们由于缺乏经验，常常不知所措，因而选择逃避或回避的方式来应对。这种方式的表现包括：拒绝面对问题本身，回避解决的机会；扭头不看，假装问题不存在；逃避现实，沉迷在电子游戏或网游等虚拟事物中；避免面对同学或老师，搪塞问题等。

这样的逃避行为看似可以暂时避免面对难题，但是问题并没有真正解决，压力依然存在。长此以往，不仅得不到任何帮助，反而会深埋难题，影响日常学习和生活。更重要的是，这种消极态度会加深大学生对自己能力的怀疑，进一步影响自尊心和信心。

2. 退行行为

有些大学生在受挫后会表现出退行的心理特征。这包括：情绪低落、缺乏自信、过分依赖他人、做事变得畏首畏尾、对周围环境过度敏感等。他们会刻意地或不自觉地变得软弱和消极，对生活缺乏主见和目标导向性。长期这样，大学生既难以自处，也难与他人交流。因为退行表现出的软弱一面，可能引起他人的怀疑或异样眼光，从而导致个人关系问题。同时，退行的心理状态也不利于他们及时调整心态，采取积极措施化解困难。

3. 固执地重复

在面临困难时，一部分大学生往往会表现出强烈的固执倾向。他们不愿意反思当前行为是否合理，也不愿意采纳别人的建议，反而选择重复原有的无效行为。这往往源于自我中心和自负的心理特征。由于过于看重自己的想法，不愿承认错误，因而没有灵活应变的能力。即便行为已经证明没有效果，他们也不易改变。这种固执往往使问题难以及时解决，进一步增加了心理压力。

四、大学生心理危机的特征

（一）大学生心理危机形成的交互影响因素

大学生心理危机的形成，往往源于经济条件、学习压力、人际关系及个人情感等多个层面因素的交互影响。这些因素具有高度复杂的交织关系。经济条件是影响个体各种选择的重要基石。对大学生来说，家庭经济状况会决定其是否可以进入理想大学学习，是否能在学习过程中获得必要的物质支持。这直接影响了学习目标的确立和达成的难易程度。与此同时，学习产生的压力也不容小觑。学习成绩直接影响着大学生的就业前景与自尊心。随着学业难度的增加，一些学习上不能很好适应的学生可能会产生较强的焦虑情绪。人际关系是影响心理健康的重要来源。与家人的亲密程度会影响个体面对压力的应对能力。同学间如果存在积极互助，有利于缓解学习带来的身心疲劳；相反，如果常有群体排挤和人格冲突，将成为心理危机的诱因。此外，大学阶段是个体建立恋爱关系和认知自己的阶段。如果在交往和自我认知过程中受到挫折，也容易导致情绪障碍。正如一个复杂的系统，这些因素会通过各种机制相互影响，一个细小的变化可能制造出复杂的后果。同时，大学生还面临着重要的人生选择，如就业与恋情等，这加重了他们面临的心理压力。个体本身的不成熟增加了面对困难的脆弱性。所有这些交织在一起，构成心理危机形成的重要环境。

（二）大学生心理危机易发的生理、心理特征

大学生多数在18~25岁这个阶段，正处于从青春期到成年的转型期。生理上，他们具有成年人的特征，但心理上依然不成熟。生理方面，这一时期性成熟的到来会使得体内激素水平发生变化，影响情绪的波动。与此同时，身体各器官功能也在迅速成熟升级，给身心健康带来一定负担。心理方面，个体正处在自尊心形成的关键时期。他们渴望被他人肯定与尊重，但同时也很容易自卑和不确定。此外，认知和决策能力尚未完全成熟，面对压力往往难以适应。生理和心理同步但不协调的特征，决定了这个阶段的个体面临困难时，情绪波动的可能性较高。任何一个较大的威胁，如学习挫折或人际冲突，如果不能及时排解，就可能触发心理危机的到来。

（三）大学生心理危机潜伏性的内在机理

相比直接爆发，大学生心理危机往往以潜伏的形式慢慢蔓延。这是因为其内在形成机制具有以下特点：危机成因的累积。日常生活中的相对小事，如果长期重复未能解决，便会形成隐性压力。

（1）应对能力的逐步下降。面对经久不断的挫折，个体的适应机制会因消耗而下降。

（2）情绪的延迟反应。积累的负面情绪可能在一定时间窗口后才显现出来。

（3）催化点的推波助澜作用。一个看似微小的事件，可能成为情绪爆发的最后导火线。

（4）心理防御机制起作用延迟。个体在潜意识中会采取防御机制，延缓危机意识的形成。

所以，大学生心理危机具有渐进性的特点，这也增加了其预防和干预的难度。

五、大学生心理危机的危害

（一）引发极端危险性行为

心理危机是否会导致极端行为，主要取决于个体的心理防御能力。一些意志力强、自我调节能力强的大学生，面对心理困境时，可能通过积极思考问题、寻求帮助等方式战胜难关，经历这一过程而养成心理韧性。然而，对于个性较为脆弱和隐蔽的大学生来说，长期未能解决的心理问题就更难排解。特别是在校园环境里，大学生很难找到可信的表达渠道。积压的负面情绪日久将导致行为和思想的失调，增加危险性行为的发生概率。

（二）给家庭带来重大打击

对于家庭而言，现如今大部分的大学生都来自独生子女家庭，父母含辛茹苦把他们养大到上大学实属不易，家庭对他们寄予了较高的期望。大学生发生的极端危险性行为给当事人的家庭带来巨大的灾难。

（三）给同伴带来极大刺激

对于同伴而言，身边的同学发生极端危险行为，首先对其心理就是一个极大的刺激，特别是与之朝夕相处的室友，在短时间内心里根本无法接受，致使生活和学习也受到影响。调查显示，发生极端危险行为的大学生，至少对身边6个关系密切的朋友产生严重影响。据调查，有些大学生出现了或多或少的心理和行为上的压力，影响了生活和学习。为此，在发生这样重大事件时，学校应立即对相关群体采取保护工作和应急预案。

（四）给学校增加巨大负担

校园内的重大事件给学校带来诸多困难：需要心理医生组队进行紧急诊疗及长期跟进，造成极大经济负担；事件处理需要安抚众多受影响群体，如室友、老师、同学等，这对学校管理能力提出了极高要求；事件一旦发酵，可能影响学校形象及社会声誉，严重时甚至面临法律责任；这类事件易发生集群效应，一个不慎就可能酿成更大规模的校园危机；长期以来，学校需要付出更大精力构建心理辅导体系，弥补原有不足。这对任何一所学校而言，无论从经济成本还是管理难度上看，都是一次巨大的考验。

第三节 大学生心理危机的干预

一、心理危机的相关分类

（一）根据危机刺激的来源分类

根据危机刺激的来源，可以将心理危机分为发展性危机、境遇性危机和存在性危机三种。

1. 发展性危机

发展性危机又称为内源性危机、内部危机、常规性危机，是指正常成长和发展过程中的急剧变化或转变所导致的异常反应。

发展性危机被认为是常规的、可以预期的，又是独特的，在生命发展的各个时期都可能存在。如果个体有足够的时间和机会对发展性危机做出适应性的调整，就会避免发展性危机对其造成损害。但是，如果个体缺乏处理危机的经验，对挫折的耐受能力差，缺乏自信，不会与人相处，发展性危机对他的冲击就会很严重。

2. 境遇性危机

境遇性危机指由大环境变迁而引起的危机，如自然灾害、事故、战争等突发事件。这类危机具有随机性、震撼性强的特征。它往往影响范围广，给个体及群体心理造成重大冲击。这些事件来得突兀且具有破坏性，给生命财产带来难以预料的损失。这对个体的应对能力进行着重大考验。特别是在事件初期，会引发恐慌、惶恐等强烈负面情绪。要很好应对这类危机，需要依靠社会各界的紧急联合救援。同时通过心理干预帮助受难群体恢复稳定，以减轻后遗症。

3. 存在性危机

存在性危机指的是伴随着人生重大阶段性任务的那种内在的焦虑感。它可能源于对自身意义存在的追问，也可能源于对人生价值观的重新审视。这类危机通常流于内在，与自我认同和价值体系等深层心理问题相关。它往往难以自行消弭，需要通过各种心理辅导手段进行引导解决。只有对存在真谛有更深入的理解，才能真正脱离这类危机影响。

（二）根据危机产生的早晚分类

根据危机产生的早晚，可以将心理危机分为急性危机、慢性危机和混合性危机三种。

1. 急性危机

急性危机是指由突发事件引起，影响浮现出来的时间很短，通常几小时到几天，如自然灾害、交通事故事件等。这类危机的主要特征是冲击性强，情绪波动明显，如惊惶、伤心等。如不及时处理，可能导致更严重的后果。

2. 慢性危机

慢性危机是指由长期累积的生活压力而产生，影响逐步累积，时间跨度较长，可能数月或数年，如长期家庭伦理问题、经济问题、健康问题等。这类危机性状相对隐蔽，需要通过长期的咨询工作来寻找根本解决方案。

3. 混合性危机

混合性危机是指由多个因素综合作用而形成，其特点是急性事件催化下蕴含着浅层或深层的慢性压力。例如失业同时陷入债务危机、离婚中存在亲密关系破碎等。处理这类危机时需要全面评估各因素，找到主导问题后采取分层次的干预。

总体来说，准确判断危机类型对于选择合适的干预方案来说极为重要。这将决定危机管理的有效性与效率。

二、心理危机的发展过程

心理危机的发展过程是复杂的，我们可以从下列几个重要时期来理解。

首先是冲击与恐慌期，这是危机刚刚发生的时期。强烈的负面情绪如惊慌、恐惧会盖过理智思考。生理反应如心跳加速等也很明显。这时最重要的是采取安全措施和初步情绪宣泄。

然后是否定与防御期，个体开始意识到危机但无法接受。大脑会采取防御机制如否认、拒绝等。情绪起伏不定，有时会产生愤怒或绝望。这时宜通过倾听和安抚来帮助面对现实。

紧接着是寻求资源期，个体渐趋理性和积极，开始寻求解决问题的信息和方法。关键是提供多元选项和社交支持。这是取得进展的重要时机。

最后是解决尝试期，个体主动运用不同途径试图解决核心问题。成败往往取决于方法的科学性和效率。这需要长期辅导与跟踪。

卡普兰在研究中指出，个人面临重大生活变故时，内心深处会经历一系列复杂的心理变化过程。这一过程分为四个阶段，在不同阶段需要采取不同的应对措施。以深入挖掘各个阶段特点，给出更全面分析：

第一阶段（警觉阶段）是一个突然被动接收讯息的过程。意外事件对个人的冲击巨大，心理防线顷刻崩溃。信息处理能力降低，负面情绪占据主导地位。此时个人以自我保护为首要任务，使用预设应对方式应对外界刺激，但效果不佳。理性思维难以发挥作用，人在本能防御状态下，不太接受外界帮助或转移注意力的方法。对于此阶段，应安抚情绪，分散注意力，给予陪伴支持。

第二阶段（功能恶化阶段）标志着个人进入全面失控边缘状态。长期使用无效应对方式，不断累积的压力与焦虑到了极点，情绪爆发的可能性大增。此时思维已趋于非理性，易采取自我破坏行为寻求纾解。长此以往容易形成心理障碍。此阶段关键是及时介入，引导求助行为健康发展。可疏导情绪，分享个案经验，引导找寻社会支持系统等。

第三阶段（求助阶段）的主要特征是强烈的求助需求但求助行为非理性。个人情绪极度焦虑痛苦，自我防御极低，思维仍处非理性状态，往往通过极端行为寻求帮助，如极端迷信等，求助对象选择也不够理性，往往选择不可靠渠道。健康状况可能受影响。因此需要建立个案了解个人状况，进行风险评估，及时联系可靠社交关系网，包括专业机构进行疏解，推荐积极活动转移注意力，根据状况安排短期聆听辅导或住院观察处置。

第四阶段（危机阶段）是个人内心防线全面崩溃，面临精神崩溃的高风险阶段。情绪严重影响生活且难以控制，思维功能紊乱且可能产生错觉，易有自杀倾向，生理机能受影响，健康恶化，功能障碍严重影响生活。因此需要长期跟进监护以防止再发，寻找可靠支持实现功能重建，长期辅导帮助重新树立价值观。

三、心理危机的主要理论

危机理论最先由林德曼提出，同时他还发展了"痛苦工作"的概念，该概念是当前危机干预理论最为重要的基础。

林德曼将这一模式分为如下四期：①紊乱的平衡；②短期治疗或悲哀反应起作用；③求助者试图解决问题或悲哀反应；④恢复平衡状态。

回顾基本危机理论的形成演变过程，可以概括出其主要内涵和要点：

首先，它强调危机是主观上的认知状态，与个体在特定环境下主观感受生活质量受阻相关。只有当生存、成长或安全等需求面临实质威胁时，才可能在认知和行为上产生扭曲，从而形成危机状态。其次，危机的出现可能源于突发事件，也可以来自发展阶段的需求难以满足。不论原因，个体在情绪和行为上都有一定程度的异常应对倾向。再次，危机的正常化进程可以用"平衡—失衡—重新平衡"来描述。它强调了危机产生与解决的动态交替变化规律。此外，理论还明确提出，危机应激的常见反应如思念亡者、自责等都属正常范畴，不应视为精神疾病。而应采取积极、短期的危机干预手段加以引导。

总之，基本危机理论注重对危机认知和情绪展开的深入分析以及采取以个体为中心的可操作性干预模式，极大地推动了后续研究工作和临床实践。它为理解和解决各类危机奠定重要理论基础。

（一）刺激—反应模型理论

刺激—反应模型理论的创始人是生理学家塞里。他把应激看作一个组织对环境变化和内在需求的生物学反应。这种反应可能由各种各样的生理和心理因素引起，比如出血、疼痛以及沮丧情绪等。塞里最初采用的概念是"一般适应综合征"，即生物体对不同形式的压力刺激的固定反应模式。

具体来说，塞里提出应激反应过程包含三个阶段：惊觉期：生物体首先进入紧张易激动的状态。抵抗期：通过激活下丘脑—垂体—肾上腺轴系统（HPA轴），动员机体资源抵抗外界压力。耗竭期：长期高强度压力暴露下，体内资源逐步耗尽，生理功能开始崩溃。

塞里通过实验研究发现，下丘脑—脑垂体—肾上腺皮质轴这一生理学控制系统在应激反应过程中发挥关键作用，可以解释应激对生理机体的影响机理。他首次提出了这个完整的应激模型概念，为后续理论研究奠定基础。其理论迫使人们注意到应激对生理和心理健康的影响。

（二）危机干预理论

1. 认知干预理论

20世纪60年代，临床心理学领域出现了认知干预理论，它假设认知过程会影响情感和行为，因此该理论的重点在于对认知的改变。例如，通过认知和行为矫正技术来改变来访者的不良认知，即受到歪曲的、不合理的信念，具有一定的消极性，并导致个体产生情绪障碍和非适应性行为的认知。

认知干预理论认为，认知是客观事件或外部刺激对个体情感和行为产生影响的中介因素或重要原因。因此，该理论关注来访者的不良认知和思维方式，若能矫正这些不良认知，则来访者的情绪和行为能得到相应的改变，而要想解决心理问题，就必须以个体的认知为切入点，干预的目标应为个体的认知偏差和失调。

在技术的使用上，可以使用认知疗法，如贝克的认知疗法、合理情绪疗法等，通过纠正个体认知方面的偏差和失调，以达到来访者认知、情感、行为间的和谐。以贝克的认知疗法为例，该认知干预技术包括以下内容。

（1）识别负性自动想法

识别负性自动想法需要由危机个体来完成，即把自己遇到事情后的第一念头马上记录下来，并对其中经常出现的消极的念头进行总结。

（2）识别认知错误

干预工作者通过记录危机个体在述说时的自动化思想及其在所处情境时产生的问题，识别其认知错误。在此过程中，要求个体学会归纳规律，找出问题的共性，随后分析和识别自身的错误认知和图式，找到情境—自动想法—情感反应之间的关联，并最终能应用新的认知替代原有的不良认知和图式。

（3）真实性检验

干预者可以和危机个体一起对被个体曲解的认知进行分析、假设、推断，看其是否合理，并进行检验和辩论。通过对这类认知的真实性检验，个体能逐渐发现自身的此类认知是错误的、消极的且不符合实际的，从而动摇先前的错误信念。

（4）忽略注意

部分个体会感到自己是他人所注意的中心，进而总感觉自己是危险脆弱的。

此时，干预者可以要求个体忽略周围人的注意，从而发现在现实中很少有人会关注自我的言行。

（5）监测苦闷或焦虑水平

部分个体存在焦虑情绪，并认为这会一直存在，实际上焦虑是波动的。在认知干预技术中，鼓励个体监测自我的苦闷焦虑水平，认识其波动特点，能增强个体抵抗焦虑的信心。

（6）苏格拉底式对话

苏格拉底式对话是指通过一系列苏格拉底式追根究底式的对话，促进个体发现自己想法的自相矛盾之处，进而改变自己的想法。

2. 行为干预理论

行为干预理论是指个体的特定行为发生改变，如降低或消除个体在危机中的一些不良行为，培养或提高一些良好行为，进而促进个体对危机事件的顺利过渡。行为干预理论以认知行为为特征，认为行为是受个体认知影响的，认知是行为改变的必要条件，动机、环境等因素是影响行为的关键。而行为改变的技术主要包括降低不良行为的发生频率、提高良好行为的发生频率以及行为塑造这三类。行为干预理论可分为应用于个体水平的理论、应用于人际水平的理论。

（1）应用于个体水平的理论

应用于个体水平的理论主要针对个体在行为改变中的心理活动来解释、预测相关健康行为并进行健康行为教导的干预。与该理论相关的行为模式有知信行模式、行为改变阶段模式。

知信行模式将人们的行为改变分为三个连续过程：获取知识、产生信念及行为改变。其中，知识是基础，信念是动力，行为改变是目标。在此过程中，行为的改变有两个关键步骤，即确定信念和改变态度。

行为改变阶段模式是国际上应用十分广泛的改变理论模型之一，它将人的行为变化解释成一个连续的、动态的、分步骤推进的过程：①在无转变打算阶段时的干预策略是帮助提高认知、唤起情感、消除负面情绪；②在打算转变阶段时的干预策略是帮助制订行为转变计划，提供技能指导；③在转变准备阶段时的干预策略是确定切实可行的目标，寻求社会支持，克服可能出现的困难；④在转变行为阶段时的干预策略是采取激励政策；⑤在行为维持阶段时的干预策略是创造支持性环境，建立互助组。需要注意的是，处于每个行为改变阶段的个体都有不同的需要和动机，只有针对不同需要进行个体干预，才能促使其进入下一阶段的转变。

（2）应用于人际水平的理论

与该理论相关的有社会认知理论、社会网络和社会支持。

社会认知理论是由美国心理学家阿尔伯特·班杜拉于20世纪80年代提出的，用以阐释人类的机能。该理论假设个体的行为、认知以及环境三者是相互联系、相互决定的，并共同控制着个体的行为。其中，行为因素包括机能、实践以及自我效能；认知因素包括知识、期望以及态度；环境因素包括社会规范、社区以及舆论。该理论认为环境是社会支持的来源，个体在环境中对其他人产生期望，而正向期望值可促进其行为的改变，主要通过自我控制及观察学习，并受到自我效能的控制及调节，进而正向强化良好行为。

社会网络围绕个人的社会关系网，社会支持是社会网络的功能之一，包括情感性支持、实质性支持、信息支持及评价支持。其中，情感性支持包括爱、信任、关怀等；实质性支持包括提供所需要的直接的切实帮助和服务；信息支持包括提供可用于解决问题的咨询、建议等；评价支持包括提供有助于自我评价的反馈、肯定和比较等。常见的社会网络及社会支持干预形式可以帮助个体增强现存的社会关系，发展新的网络关系。

由此可见，行为理论和模式应用的主要目的在于行为干预，即通过研究行为影响因素进而制订计划，设定行为干预路径，并在最后进行效果评估。

3. 生态系统理论

基于发展心理学，著名心理学家布朗芬·布伦纳提出了生态系统理论，该理论对环境的影响进行了详细分析，认为生物因素和环境因素交互影响着人的发展。从环境因素的角度来看，发展的个体处在从直接环境（如家庭）到间接环境（如宽泛的文化）的多个系统之间，或嵌套于其中，每一个系统都与其他系统以及个体之间进行着交互作用，进而影响着发展的许多重要方面。

因此，生态系统理论认为危机产生于整体生态系统中，系统是指相互关联、由内而外、层层包叠的环境系统，每一层的环境与人之间相互作用。因此，不仅要关注危机幸存者的情绪创伤，还要注重恢复和稳定个体与环境之间的平衡。

4. 折中的危机干预理论

折中的危机干预理论提倡为各类危机情况灵活运用不同的干预策略。它强调通过综合各种有效资源，针对个案情况定制个性化的解决方案。这一理论强调任务导向的操作方式。干预时重视具体技巧与临场直觉，既灵活开放，又能迎合个案需求。这与单一理论范畴不同，它强调理论与方法的混合应用。具体来说，它的主要工作内容包括：第一，全面评估个案情况与环境背景，识别所有相关系统中有效的因素。这需要开阔视角，兼顾生理、心理、社会各层面要素。第二，深入了解干预时机、地点等外在条件的影响。同时考量各种理论、方法与标准，对现有临床资料进行全面评价和分析。第三，在不确定使用特定单一模式时，保持开放态度进行试验。重在总结不同方式中的成功成分，并根据成效进行灵活调整。第四，理解每个人与每个危机本身都独特，但也具有一定通性。这需要根据情况进行整合与综合，发挥各类资源的作用。

第七章　大学生心理咨询辅导

第一节　大学生心理咨询的内涵

一、什么是心理咨询

个人在生活过程中，经常会因为各类问题的出现，导致出现了精神上的压力和心理不平衡的问题。在很多时候，人们都需要通过与他人的交流来解决自己的心理压力。在交流时，通过其他人带来的鼓励、安慰和帮助，可以让个人的情感得到宣泄，并建立克服困难的信心。人们所进行的心理咨询活动则是通过交流的方式，用专业的心理学办法来提供心理方面的帮助。

心理咨询不同于医学方面的精神治疗和心理治疗，人们对于其概念的理解也包含了许多方面。同时，在心理学的发展过程中，心理咨询也出现了众多的流派和方法。通常来说，心理咨询是专业人员运用心理学的有关知识和技术，对于特定的群体进行交流的方式，要通过认识、情感方面的指导，向咨询对象提供某些方向性的指导。心理咨询的关键在于能够把握咨询对象面临的心理问题，也从生活、工作的环境入手，识别咨询对象可能存在的人格障碍和各类心理问题。心理咨询的成效在于能够让咨询对象在情感、思维、行为等方面出现积极的变化，使其能够提高信心、完善人格，能够积极地面对自己存在的难题，不断提高对于环境的适应力。

二、如何对待心理咨询

随着心理学在20世纪逐渐发展完善，心理咨询也在现代人的生活中占据了更加重要的作用。其中，越是现代化程度较高的国家，人们就越发重视心理咨询，使心理咨询成为社会中十分重要的行业。社会成员也会对心理咨询产生正确认知，能够主动地寻求专业人员的帮助。我国心理咨询行业发展得较晚，普遍存在专业机构和人才不足的问题，通常会成为一些医院的特殊部门而设立。因而，如果寻求心理咨询，通常需要进入医院来进行。在当前社会中，人们依然对于心理咨询存在诸多误区，也将心理问题同其他的精神疾病等同起来。有些人会因为隐私和周围环境的关系，不愿意主动接受心理咨询辅导。社会中人们对于心理咨询的误区主要体现在以下几点。

误区一：精神病患者才需要心理咨询

从医学上来讲，心理咨询科与精神病科是截然不同的。心理咨询不会去解决临床意义上的精神疾病，而精神病专科也不能对人们开展心理咨询。一些人不愿意接受心理咨询，就是因为他们将心理问题的出现误认为是精神疾病，害怕外界环境认为自己患上了精神病。

接受心理咨询的人，其在很多方面都是健康的，而且心理健康的人群也可以因为暂时的心理波动而接受心理咨询。心理咨询是咨询人员和被咨询人员进行正常的交流，咨询对象需要通过正常的方式来表达自己面临的困难。这样他们才能获得专业人员的指导。

误区二：看心理咨询的人，一定是生活中的弱者

很多人在内心层面都存在着逞强心理，其在生活中要让家人、朋友和职场中的人相信自己是一名生活中的强者。因此，即使出现了实际困难和心理上的困境，许多人都会选择强撑。在现实生活中，由于人们在工作、生活上都会面临很大的压力，会使得许多人长期处于精神紧张的状态。如果人们在心理上一直得不到舒缓，就容易让其人格和心理状态发生转变，容易引发心理亚健康和心理疾病。实际上，人们在现代社会中生活，需要采用多种办法来提高自己的生活质量，要积极接受别人提供的帮助，在心理问题上，接受专业咨询人员的帮助是比较好的选择。

误区三：看心理咨询，一定要去精神科

我国的许多心理咨询工作都是在医院中进行的，是医院中的一类门诊专科。这也让人们将心理咨询同精神病专科产生了认知上的混淆。实际上，精神专科主要是针对心理疾病和精神疾病的群体进行治疗。而一般的心理咨询则不需要接受精神科医生的帮助。目前，随着心理咨询行业在我国的发展，我国在社区、学校、企业等当中也纷纷建立了心理卫生服务中心，越来越多拥有心理咨询资质的人员能够为人们提供心理辅导，在很大程度上改变了人们的思想观念。

误区四：心理咨询师是替人解决问题的人

社会中还有一些人对于心理咨询的错误理解是认为咨询人员能够帮助自己解决现实问题。例如，有一些人会因为工作上的困难、爱情问题、家庭问题等去寻求心理咨询人员的帮助，但咨询人员只能在人们的心理问题上提供指导，而不可能产生实际上的帮助。心理咨询不代表能够给人以人生规划、职业规划，也无法解决现实的问题。心理咨询只能让人们去正确地面对心理困境，调节好心态，为人们在解决问题过程中做好心理上的准备。

误区五：好的心理咨询，看一次就好了

一般的心理咨询不会采用临床治疗的方法，除非一个人被诊断为抑郁症等疾病，否则不会使用药物。很多人虽然没有实际出现临床上的心理疾病，但其心理状态的不稳定是长期积累的结果，因而也无法通过一次性的咨询就取得效果。因此，人们如果想得到心理咨询者的帮助，就需要在一定的时间范围内，通过定期的咨询来进行。

德国著名心理治疗大师指出："那些自认为心理健康的人不是真正的心理健康者，而心理健康者正是那些敢于面对心理问题的人。"能够主动接受心理咨询的人，其在心理状态方面具有很强的积极性，而不会对心理咨询产生错误认知。人们在接受心理咨询过程中，不应该过于在意别人的看法，而是要具有主动性。大学生在成长过程中，要充分利用好学校和社会中的心理咨询条件，如果出现了心理上的不稳定，应该主动地寻求帮助。大学生要避免让自己的心理长期处于压抑、无法宣泄的状态，避免积累成更大的心理问题。

三、心理咨询的原则

（一）保密原则

为来访者保密是心理咨询工作中的一项重要准则。任何心理咨询人员都需要在比较私密的环境下与来访者进行交流，其谈话的内容除了二人知道之外，也不能透露给其他人。即使在来访者的监护人、亲属等人面前，也依然需要做到保密。在特殊情况下，心理咨询人员也可以采取干预的方法将咨询内容公布给有关人员，其中主要包括：

第一，如果来访者出现了自杀等方面的倾向，心理咨询人员可以寻求家庭和其他有关人员的帮助，要避免来访者出现自杀、自残等行为。

第二，如果来访者的心理问题关系到公共安全和他人安全，咨询人员可以将这一信息透漏给相关人员和机构。例如，如果有人因为憎恨某人而产生心理问题，产生了伤害他人的心理倾向，咨询人员则需要保护涉及的人员。

第三，在进行与婚姻家庭有关的心理问题咨询时，如果来访者存在家庭暴力；虐待老人、儿童等行为，则心理咨询人员可以寻求社区、妇联、关工委等公共机构的帮助。

（二）信赖性原则

咨询人员面对任何来访者，都必须对其产生信赖，需要在人格、情感等方面给予尊重。在有些来访者因为心理问题而不断出现说谎、失信等行为时，咨询人员依然需要同其建立信赖关系。

（三）教育性原则

教育性是高校开展大学生心理咨询服务的重要原则和方法。高校对于大学生的心理咨询，也是其开展心理健康教育工作的一部分。在心理咨询工作中，咨询人员也应该重视心理知识的传播，能够对大学生的人生成长、人格完善提供科学的指导。

（四）主体性原则

心理咨询中，心理咨询人员逐步引导学生进行自我分析、自我判断。在此基础上，咨询人员再进一步提出供学生采纳的建议，并转化为他们自己的行动。

第二节　大学生心理咨询的作用

一、心理咨询服务的对象

高校进行心理咨询的服务对象主要是大学生。而大学生在成长过程中，一直都是受到家人、学校和社会关照的，从他们的儿童阶段、青少年阶段，心理咨询一直都存在。大学生在未成年时所受到的关怀，都能够成为人格完善、心理健康的重要因素。

大学生在成为独立个体之后，其受到家庭的照顾会有所减弱，在面对内心深处的问题时，也不再愿意与亲密之人倾诉。因此，高校的心理咨询工作必须要补充这一空白，让大学生能够针对自己的问题产生可以倾诉和交流的对象。

心理咨询是一种以谈话、交流为主要方法的心理工作，实质上是让心理咨询师与咨询对象之间构建一种特殊的亲密关系，双方通过互相尊重、互相信任，可以无障碍地进行内心想法的交流。在这种交流过程中，大学生也会养成表达能力和人际交往能力，能够通过倾听、表达，让咨询人员来帮助自己完善人格、消除心理障碍。

二、心理咨询服务的内容

心理咨询服务不同于一般意义上的人际交流和情感沟通，也不是亲人、朋友之间进行的情绪开导，而是从人格角度对咨询对象进行完善的一个过程。通过咨询人员的帮助，可以实现咨询对象在心理健康上的再一次成长，从而弥补其在自然成长轨迹下出现的缺陷。按照现代心理咨询工作的分类，心理咨询能够在以下方面为来访者提供有效的帮助。

第一，来访者在出现了情绪失控问题时，能够得到心理咨询人员的帮助。通过正确的咨询辅导方法，能够帮助来访者有效控制自己的情绪，避免出现歇斯底里等无法控制的问题。

第二，咨询人员能够对于来访者的认知体系提供帮助，从而指导他们正确地形成自我认知。

第三，对于从小缺少爱而长大后缺乏爱心的人群，心理咨询能够赋予其爱的能力，能够从心理上使其对自我和他人产生热爱。

第四，心理咨询能够矫正来访者人格上出现的自卑、自恋等人格障碍，让来访者在人格上能够逐渐得到修复。

第五，面对来访者在生活中出现的较大打击，如失业、失恋、家庭关系恶化而造成的情感痛苦，心理咨询能够为其提供情感疏解的途径。

第六，面对来访者的未来发展和人生规划，心理咨询能够帮助其进行心理建设，使其能够更加全面地对自我进行评估。例如，大学生在面对毕业之后的抉择问题时，可以在自我评估方面参考心理咨询者的意见。

第七，来访者如果出现了生活、工作等方面的重大危机时，心理咨询人员能够帮助其稳定心理状态，避免产生较大的心理和情绪起伏，从而帮助人们拥有健康的人生。

心理咨询工作要构建一种咨询人员与来访者的特殊关系，能够做到在人格、身份等各个方面的平等。来访者可以在心理咨询过程中暂时离开社会中复杂的环境和人际关系，无条件地去相信咨询人员。心理咨询人员应通过对来访者的尊重、对来访者信息的保密，同来访者建立亲密的关系。在形成信任关系的基础上，咨询人员需要运用心理学的技术方法给来访者提供各个方面的指导。

三、心理咨询的形式

心理咨询的形式按照不同的标准可有多种划分。按咨询对象可划分为直接咨询和间接咨询、个体咨询和团体咨询；按咨询途径可划分为现场咨询、电话咨询、网络咨询以及门诊咨询。

（一）直接咨询与间接咨询

直接咨询是由心理咨询师对学生来访者进行面对面的咨询，间接咨询是由心理咨询师通过学生的辅导员老师、同学、家长等所反映的学生心理问题进行咨询。如：美国学校心理咨询不但要直接为学生提供教育和生涯规划、人格发展以及如何对付药物滥用和艾滋病这样的社会问题的咨询和辅导，而且要通过提供家庭咨询以及协调学校和社区的心理咨询机构，间接地促进学生的健康发展。

（二）个体咨询

个体咨询是心理咨询中最常用的形式。所谓个体咨询，就是指咨询师与来访者的一对一咨询。这种咨询形式主要是采取面对面谈话的形式，也可融入绘画、沙盘、音乐等多种咨询方式，还可通过电话、网络等途径进行咨询。个体咨询具有保密、易于交流、触及问题深刻、便于来访者积累和因人制宜等优点，心理咨询师会根据学生不同的情况采用不同的方法，以取得最佳效果。对于心理咨询师而言，也有利于对来访者进行深入的研究，从而有利于自己的专业发展，其经验也可以为同行借鉴。

（三）团体咨询

团体是指两个人以上彼此之间有互动关系的组合。团体心理咨询是有别于个体咨询的一种方式，这种方式需要心理咨询人员在共同的情境下，同步地为来访者提供帮助。通常团队咨询会针对具有共同心理问题的人员来进行，实际上是在心理咨询的目标下构建的社群。在咨询过程中，团队中的人员由于具有共性的问题，也不会出现恐惧、歧视等心理状态，成员可以通过互相吐露心声、互相鼓励来解决共同难题。团体心理咨询既是一种有效的心理治疗，也是一种有效的教育活动。

（四）电话咨询

电话咨询是通过电话给咨询对象以帮助的一种形式。咨询对象喜欢电话咨询，有各种不同的原因：有的是因为空间距离，有的是因为与心理咨询师面对面地交谈感到难堪，有的是为了更好地保密。学校心理咨询中采用这种形式一般是因为紧急情况，如对来访者采取心理危机干预，利用电话稳住来访者当时的情绪，或指导教师或家属等做好监督防护工作。电话咨询可对具有心理危机或自杀意念的来访者起到缓冲、防范和指导的作用。目前，我国许多地方建立了专门的心理危机研究与干预机构，或依托卫生机构、医院、高校等设置了心理危机干预中心，开通了心理危机干预热线，面向社会提供公益的心理危机干预，还有的针对专门人群开通热线，例如青少年心理危机干预热线。

（五）网络咨询

书信咨询原本也是心理咨询的一种方式，以前许多学校会在心理咨询室门口或学校的某些角落设置专门的咨询信箱，便于学生投递信件，避免了有些学生不愿做面询的顾虑，因而通过这种形式为学生提供心理帮助。随着网络技术的飞速发展，尤其是智能手机的应用推广，改变了人们传统的生活及沟通方式，网络已成为现代人的主要沟通方式之一。网络与心理咨询相结合，形成了心理咨询界的新生事物——网络心理咨询。目前网络心理咨询提供的主要方式有心理学知识的网站和网页、BBS论坛、电子邮件、文本即时聊天、语音视频聊天、QQ群、QQ

空间、博客等。网络心理咨询的优点在于其便利性、保护性、经济性、已记录性等，但也存在自身特点带来的问题，如非言语信息匮乏、不完整结束、来访者追踪困难和网络心理咨询伦理等问题。

第三节　高校心理咨询辅导的方法

一、心理咨询辅导中常用的方法

经过心理学和心理咨询行业的长期发展，心理咨询已经形成了十分完善的方法体系。其中，心理咨询的最主要方法是与来访者进行谈话交流，而咨询人员则需要具有很强的倾听和表达能力。通过倾听与询问等方式，心理咨询人员要对来访者的实际问题产生基本的了解。

（一）贯注方法

贯注（attending）是当来访者进行观点表达和情感倾诉时，咨询师需要将自己的全部精力贯注在来访者身上。咨询师不仅要能够细致地接收和分析来访者表达的内容，从话语中找出来访者的内心想法，还需要对来访者进行观察，从肢体语言、微表情等方面来判断来访者的状态。咨询者只有用全神贯注的心态与来访者交流，才能够让来访者产生信任感。

贯注的技术方法，还需要咨询人员能够对来访者的语言和动作等及时作出回应，从而鼓励来访者继续进行表达。其中，需要通过微笑、点头和口头上的呼应等对来访者的话语进行有效的反馈。同时在情绪上也应该与来访者保持同步，如果来访者处于沮丧的状态，咨询师则要给予关心和安慰；来访者如果处于喜悦的情绪，咨询师则要同样表达喜悦。总之，咨询师需要鼓励来访者的正面情绪，而对负面情绪做出适当的引导。

（二）倾听方法

倾听（listening）是咨询师在咨询过程中重要的基础方法。有学者指出，只有能够学会倾听，才能做好心理咨询工作。倾听是当来访者倾吐自己的困难时，咨询师应采用的重要方法，要求咨询师能够完整地接收对方表达出来的一切语言信息。在这个过程中，咨询师要以鼓励对方的发言为主，不能随便打断，更不能主观地插入自己的看法，而是通过鼓励与倾听让来访者进行情感宣泄或语言表达。通过倾听，咨询人员才能够在来访者的语言中找出关键信息，了解他们存在的真实问题，并且要深入来访者的内心世界，从来访者的角度来提供后续的指导帮助。

在心理咨询工作过程中，咨询师要做的是让来访者愿意进行表达，愿意与咨询师展开交流，这样才能对语言进行分析。在倾听过程中，咨询师要拥有贯注、共情的能力，对于来访者的任何语言，都能做出积极的反应。咨询师不一定要认可来访者的观点和价值取向，但要通过倾听能够实现包容、尊重，能够从来访者的立场角度来分析问题。

因此，倾听在心理咨询工作中不是一个被动的工作技巧，而是一种具有主动性的方法，倾听通常需要与对来访者说话的鼓励共同进行，要尽可能地让来访者愿意进行语言表达。

（三）沉默方法

在心理咨询过程中，咨询师不一定会经常性地进行语言方面的疏导，也会使用到沉默的方法。适当的沉默能够让来访者获得心理放松的空间，可以让双方都能对一些问题进行思考。咨询师需要注意的是，无论是主动的话语表达，还是采取其他的方法，心理咨询都不是在进行一种说教，而是要进行辅导和帮助。因此，在很多时候，沉默的方法可以让咨询师自己避免过多的话语表达，而是给来访者以时机和空间，鼓励他们继续进行倾吐。例如，当咨询师以问问题的方式进行对话时，就可以继续采取沉默方式让来访者思考问题或是选择是否回答问题。咨询师则不应过度催促，不应进行反复提问。

心理咨询工作中的沉默不同于社交场合中的"冷场"，而是具有较好的咨询辅导功能。一是能够对来访者做出某种暗示，实际上是要鼓励来访者进行语言表达。二是能够在心理上产生共情，即当来访者在吐露自身一些难以启齿的话题时，沉默就是最好的反馈。此时，咨询师不需要进行任何的语言回馈和肢体表达，而是要用沉默隐匿自己的存在，带给来访者更高的安全感。这样，沉默可以产生鼓励的作用，让来访者继续进行内心世界的表达。

沉默的心理咨询方法也需要同咨询师的肢体语言交替使用。在有些情况下，咨询师在倾听过程中，需要避免自己表达观点，打断了来访者的倾吐欲望，此时就需要在语言上保持沉默，但在肢体和表情上进行鼓励。总之，咨询师要结合实际的情况来选择是否使用沉默方法，适当沉默会让来访者产生安全感，能够形成鼓励作用；而如果是不适当的沉默，则会让来访者感觉到咨询师过于冷漠，使其形成了心灰意冷的心态。

（四）宣泄方法

宣泄（catharsis）是在咨询师的帮助下，让来访者能够将自己的负面情绪合理宣泄出来的一种方法。经过宣泄，来访者可以将自己的痛苦和难以压抑的情感快速地缓解，让心理得到暂时的舒适感。在很多情况下，来访者寻求心理咨询，就是因为生活中缺少宣泄的渠道，导致了自己的负面情绪和心理压力到达了难以承受的地步，从而出现了心理问题。面对这些情况，咨询师通过帮助来访者进行情绪宣泄，就可以产生很好的效果。

在心理咨询工作中，咨询师可以采用多种方法让来访者进行心理和情绪宣泄。一是要让来访者进行语言表达上的宣泄。咨询师要鼓励来访者进行语言表达，其中咨询师可以鼓励来访者如实地表达对于生活、其他人等方面的不满，也可以用过激的语言来进行情绪宣泄。咨询师通过倾听，来具体掌握来访者所面临的困境。二是通过某些行为来进行宣泄。例如，咨询师可以帮助创设一些宣泄的环境，或是组织一些运动和游戏等，让来访者及时进行情感宣泄。

宣泄对于来访者的意义在于能够快速地进行自我剖白，快速地将难以承受的压力释放出来，也可以快速地与咨询师建立信任关系。在此基础上，咨询师就可以继续进行深入的心理咨询辅导。

（五）探讨方法

探讨（exploration）是咨询师与来访者进行双向互动对话的一种方法，通常会应用在针对某一个问题上的对话情境下。探讨意味着双方需要就某些问题开展深入的思考与观点表达，而且要进行双向的语言信息交流。探讨往往伴随着学习、思考和观点上的碰撞。

探讨式的心理咨询，要在咨询师与来访者建立互信关系和良好情感的基础上进行，其作用是能够引发来访者对于自己在人格、心态、价值观等方面的自我反省，使其能够从咨询师身上获得某些实质性的建议。咨询师在探讨过程中，通常也不应进行观点争论，从而认证自己的正确性。而还是应该以鼓励为主，让来访者进行更积极的表达，许多探讨过程需要以启发和引导为主，要减少自己对于来访者的评价。咨询师也不应依靠自己的经验、学识等来教化来访者，避免产生主观臆断和观点输出。例如，在高校的心理咨询人员对大学生开展心理咨询时，可以在大学生人生选择等问题上采用探讨的方法，让大学生能够将自己未来的想法告诉咨询人员，从而提供一些必要的经验。

咨询师需要注意的是，探讨要以来访者为主，目的是能够让来访者对一些心理问题进行主动的思考。咨询师可以不认同来访者某些片面的观点、偏激的性格，要通过探讨和引导对方思考来进行主动帮助。因而这种方式对于来访者重塑自己的人格，完善自我认知，纠正自己的缺陷具有很大的帮助。

（六）质问方法

质问（confrontation）是一种较为激烈的心理咨询方法，主要是咨询师对来访者的某些病态的认知、思维等提出否定的方法。如果来访者确实存在着人格缺陷和认知缺陷，对于自我和客观事物产生了片面、偏激的认知时，咨询师则可以采取此类方法。有专家指出，面对来访者的一些问题，质问已经成为一种重要方法，要让来访者能够进行自我否定，从而完成心理认知的重建。

在心理咨询工作中，咨询师会遇到各类已经形成了人格障碍的人群，包括偏执人格、自我表演人格、自恋人格、反社会人格等。在面对这些问题时，咨询师不能一味地顺应来访者进行咨询，而是要及时地对来访者的言行予以质问，使他们能够产生自我否认和挫败的心理。否则，许多人格障碍难以得到纠正。要注意的是，质问不是要对人本身进行贬低，而是促进来访者进行自我反思，让他们能够恢复健康的自我认知。咨询师的质问方法要包含诚恳和尊重，而不是以健康人群对于病态人群的歧视与傲慢的态度来进行。

关于质问方法的应用，心理学家指出，咨询师在对来访者进行质问时，应在心里首先进行自我反思，思考质问是为了对方着想，还是只是为了展示自己。因此，质问的重点在于问，而不是要对来访者形成压制，让自己占据上风。恰当使用质问的方法，能够让来访者产生进行自我审视的推动力，使其能够有意识地改变自身存在的主观性过强的问题。

以上六种方法是心理咨询过程中常用的辅导手段，这些方法都是在咨询师与来访者的交流过程中所使用的，具有很强的功能性，因而与平常人们的交际方式有着很大的不同。正确采用咨询方法，能够让咨询师的专业能力得到体现，并且更容易取得来访者的信任。除此之外，心理咨询过程还存在许多咨询方法，在适当的条件下，都可以产生良好的效果。

二、大学生常见心理问题的咨询及辅导

（一）学习问题的心理咨询及辅导

在学校心理咨询中，不少学生来咨询的直接原因是遇到了学习方面的困惑，以为是学习压力大导致的一系列不良的身心反应。但通过深入访谈后，会发现学习问题只是来访者的表面原因，其背后的根源往往与来访者的自尊、情感等内在需要有关。这里可以借用心理防御机制中的"理智化"来理解这一现象。理智化指用一些从感情上看来较不强烈的说法来思考本能性的愿望，而且不付之于实际行动。观念留在意识之中，而感情却已告消失。我们经常可以在一些心理学爱好者身上看到这种理智化。他们往往会通过自己所接触到的心理学理论来解释自己的问题和症状，尤其是会进行一些病理性的自我分析，他们这样做只是为自己增加了一层新的铠甲，即心理学理论，以隔离那些问题和症状所带给自己的痛苦。正如一些学生也会运用学习来隔离情感的需求，学习过程中是人的理性层面在处理工作，而感性体验却被掩盖起来。这种隔离并非刻意的，而是受学生潜意识支配的，来访者并不一定清楚，这种防御机制可以避免直面情感问题所带来的痛苦。然而人的潜意识这座"仓库"异常庞大且非常隐蔽，当我们在清醒的意识状态下，"仓库"四周都是监控，那些与意识功能和自觉的个性化不协调、不一致的心理活动和心理内容，或许我们意识中也有体验，但因为种种缘故被压抑或忽视，积压在"仓库"中显现不出来。只有当我们的意识卸下防卫时，这些心理活动和心理内容才会"噌噌噌"地溜出来，显现在梦里或通过其他形式让我们的意识感知到。

有关学习问题的咨询中，还经常会遇到一些学生学习目标明确，学习主动性很强，但就是学得很辛苦且学习效果不佳。这其实在一定程度上与学生学习策略和学习方法不当有关。中学阶段与大学阶段学习目标、内容、方式等各方面存在

差异，尤其新生容易出现学习适应性的问题，而一些高年级大学生一直未能正确掌握大学的学习方法，只会按照以前的学习模式延续下去。此时咨询除了要缓解因学习问题带来的心理压力和负面情绪外，还应结合学生的个人情况，指导学生正确的学习方法。

除了分析学生来访者的问题，聚焦问题的解决，还应注意引导提升学生的自我效能感，它直接影响学生的学习自信心和自我价值感，是非常重要的心理特质。自我效能感（self-efficacy）这个概念是由美国著名心理学家班杜拉提出的，是指个体对自己能够有效处理特定任务的主观评价，它与学习行为之间存在相互作用。自我效能感的高低直接影响个体的努力程度，从而导致成绩的好坏，而成绩的好坏反过来影响个体自我效能感的高低。对大学生而言，首先，直接的成败经验会影响其自我效能感。如果总是在某个科目的学习上获得好成绩，那就会对自己在该科目上的能力和水平有相当的执行力，学习动力强；相反，如果在某个科目上屡次失败势必会影响其在该学科上的自信心。其次，他人的成败经验也会影响其自我效能感。如果看到学长学姐们不少人通过考试顺利进入公职系统或者考上研究生，会大大地激励自己也朝着他人曾经奋斗的途径去努力；同样的，如果看到学长学姐们很少有人通过努力备考而如愿考上的，也会在很大程度上削减其备考的信心。再次，个体的成败归因也是影响自我效能感的因素之一。如果一个学生倾向于把自己学习上的成功归因于自己能力强、准备充分，把失败归因于自己努力不够、运气不佳等外在因素，就能获得较高的自我效能感；反之，如果把学习的成功归因于运气好等外在因素，而把学习失败归因于自己的能力问题，那么自然其自我效能感就低。

（二）人际问题的心理咨询及辅导

世界卫生组织将人际关系定义为人们愿意以某种方式进行交流，在交流和其他共同活动中伴随着积极的和消极的情绪。而情绪是具有隐匿性的，有的人纵然表现出积极的交往行为，然而内心并不一定有着积极的情绪体验。在人际交往中的知情意表现不一致，此种情况很大程度上源于在人际交往中呈现的是假自体（即假我，关于"真假自体理论"在前文有详细解释，这里就不再赘述了），假自体自然与主体内在的真实情绪情感是相隔离的。处于这种模式中，会让主体感到与真自体（真我）疏离，压抑真实的情感体验。而建立在这种假自体之间的人际交往是虚假的、脆弱不堪的，它必然将导致一系列人际关系问题的产生。大学生作为社会特殊群体，其心智水平的成熟度不及成人，在情绪情感的控制及表达上更易出现问题。解决大学生人际关系问题最关键的是要引导和帮助学生自行破除其虚假自体的层层包裹，让学生正视并接纳他们内心真实的情感和需求，勇敢地活出真正的自己。

人际交往重点还在于人与人之间的互动，虽然个体咨询也存在咨询师与来访者的互动，但这种互动仅限于咨访关系之间。然而团体心理辅导不但可以给来访者提供真实的人际互动场景，还可以调动团体心理咨询特有的心理场效应，通过心理共鸣场中存在的强大的无形场力对团体成员的心理和行为产生影响。因此，团体心理咨询被广泛地运用于各种人际关系的治疗及训练中。

团体心理辅导的方式能够将一部分具有相近心理辅导需求的人集聚起来，为他们创造一个互相沟通，并同步接受辅导的条件。团队心理辅导通常会在一定的场所，采用一定的形式来进行，相当于一个小型的社交团体。心理咨询师会充当组织者的角色，会围绕心理、人生等方面的话题来开展集体的沟通。在沟通过程中，团队中的成员可以轮流讲述自己的问题和想法等，将自己的困境展示出来，以便寻求咨询师和其他成员的帮助。团队心理辅导的重点在于成员都存在着心理咨询上的需求，能够产生互相理解和尊重的情感，团队中的成员不会因自己心理上存在问题而顾虑。团队中的人际关系要更加简单，能够互相信任，团队的氛围要宽松自由。

高校针对大学生心理问题，也可以多采用团队心理辅导的形式来进行。高校有很多条件可以帮助大学生建立共同进行心理辅导的情境，也能通过多样化的校园活动来促进大学生之间的交流。在团队中，大学生也更容易找到具有相同心理困境和共性特征的伙伴，更有利于大学生产生归属感，提高自信心。

（三）恋爱问题的心理咨询及辅导

恋爱问题归根到底是关系的问题。在心理学体系中，人们对于恋爱关系进行了专门的研究，恋爱中爱人与被爱的心理情感是人所必需的心理诉求，要求个人能够被异性所接纳，并且将有着恋爱关系的异性产生紧密联系。同时，恋爱关系的建立中也会反射出很多的心理状况，例如，一个人如果缺乏心理安全感，就会对恋爱伴侣产生更深的情感需求，有时会产生一种情感上的索取心理，甚至异变为对伴侣的控制。

如果个人在人格上不够完善，心理上不够健康，那么在建立恋爱关系后，就可能产生很多特殊的心理问题。恋爱关系经常伴随着性关系的产生，而婚前性行为也成为当代年轻人一种常见的行为。在很多传统的文化观念中，婚前性行为是不被道德伦理所接受的，而在当代的思想文化中，婚前性行为是可以被现代人所接受的。而当大学生在恋爱中出现了心理咨询问题时，性关系和性行为则是不可避免的问题。因此，对于大学生进行的恋爱心理咨询，必然要涉及这方面的问题。如果心理辅导人员能够对大学生的恋爱观和两性观产生尊重，而不是进行传统道德的教育，那么就容易得到大学生的信任，使心理辅导人员能够从性关系的角度帮助大学生解决心理问题。

人们在恋爱关系中一旦出现心理问题，通常都会在两个人身上产生影响，因而恋爱心理咨询会涉及情侣之间的责任问题。作为咨询者来说，要想对恋爱问题进行详细的指导，通常需要从恋爱的双方共同着手，要了解个人在恋爱中对对方有着怎样的需求，在恋爱中双方都承担着哪些责任。在一些情况下，咨询师会对恋爱中的双方进行共同咨询，设置一个箱庭疗法的情境，为恋爱的双方共同设置一个需要完成的任务。咨询师通过观察双方的交流与行动，查看恋爱的双方能否愿意承担责任，能够为了解决一个问题而进行有效的交流。这种方式也有助于恋爱的双方打破一些心灵上的壁垒，使他们能够更加关心对方，帮助恋爱中的情侣突破心理障碍，实现关系的巩固。

（四）焦虑症的心理治疗及咨询

焦虑症会让一些人在面对生活中出现的变动和波折时，经常性地处于焦虑状态，时常因为一些小问题而过度担忧，会造成精神的不集中、失眠、无法理性思考等问题。有些心理学者认为焦虑症来自于人们对情绪的无法控制，是情绪失控的一种体现。这种影响会扩展到人的认识和行为上。因此，焦虑症咨询的主要方式是能够对受咨询者进行认识和行为上的诊断，从而进一步做出矫正。这种方式被称为认知行为治疗，即在咨询和治疗过程中，要让人的认知和行为进行同步矫正，促使认知和行为能够互相产生良性影响，直到焦虑心理状态得到矫正。

认知行为治疗大致经历以下四个过程：

第一，识别自动思维。如何识别自动思维呢？我们可以用"自问自答"的方式，在咨询过程中以咨询师和来访者一问一答的形式进行。

第二，检验认知模式。当你看一本深奥的专业书时，在集中注意书上内容时会产生自动思维："这个理论我没看明白"，并感到轻度焦虑。然而，你可能会自发地（无意识地）对该思维做出积极反应："我还能看懂一些，把这个理论部分结合上下文再看一遍。"这种自行的现实检验以及对消极思维的反应是常见的，然而处于精神痛苦状态的人就不会有这种批判性的检验。认知行为疗法就是要教给他们一种工具，有意识、有步骤地评估其思维，尤其当他们感到不安时。

第三，找出认知模式中不合理的假设。在识别自动思维、检验认知模式后，接下来我们需要去挑战这些引发焦虑的自动思维，找出认知模式中不合理的假设，可以从以下几个方面去思考：①客观地评估环境（压力源），站在别人的角度看事情。②这种想法合不合理？哪些证据支持我的想法？哪些证据反驳我？③一般人会这样想吗？④这样想对我是有利还是有害的？⑤按照我这么想，发生的机会有多大？

第四，认知和行为矫正相结合。把发展出的合理思考替代之前不合理的自动思维，不应止步于心理咨询室，我们可以使用核心信念作业表（CBW）、行为实验、活动监察、计划等行为技术，将其正向迁移到来访者的现实生活中，将修正的认知与行为矫正相结合，不断强化和巩固，努力在两者之间建立一种良性循环，以取代原来存在的恶性循环，从而使原来的不良症状减轻、消失。

我们的身体状况与情绪状态紧密相连，心理的变化可以引发身体变化。相应的，身体的变化同样可以带动心理的变化。在学校心理咨询中，经常用放松训练的技术（肌肉放松训练、冥想法等），或借助生物反馈仪帮助学生学会放松。身体肌肉的放松继而带动情绪的放松，让来访者习得这种放松的状态且常做练习，以建立紧张时自然学会放松的联结。

高焦虑的人说明其人生观比较负面，什么事情都在做最坏的打算。高焦虑的人过分注重细节，联想太丰富，会从眼前一年的事情联想到十年甚至几十年后会发生的事。高焦虑的人太在意别人对自己的评价，所以容易紧张。但焦虑不见得毫无益处，从功能上来讲，焦虑情绪是一个警讯，也是一个出口，有时它会通过做梦的形式表现出来。有的人会比较迷信，认为梦到很焦虑的事情是不好的预兆，其实不然，这样的梦一方面是焦虑、压抑的情绪体现，另一方面梦里出现这样的情景实际上是做潜意识的治疗。

学生是焦虑症的易感人群。焦虑症的治疗一言以蔽之就是要破除你很多想象的东西，回到当下，把注意力拉回到现在。此外，我们可以随时给自己的情绪做体检，保持一种自我的觉察，和亲近的人倾诉自己的情绪，当向亲人倾诉也不能解决问题时，就得找专业人士做心理咨询。

（五）抑郁症的心理治疗及咨询

抑郁症是严重危害人类身心健康的高发性精神疾病。引发的原因很多，主要表现是显著而持久的心境低落（高兴不起来），会对个体的工作、生活、人际交往等带来极大的不良影响。慢性抑郁症（两年及以上病史）约占所有心境障碍的三分之一，具有诸如多并发症、高自杀率、频繁的住院治疗、更多的早期创伤以及发作较早等特征，且导致严重的心理社会功能和人际交往技能的损害。抑郁症被称为心理癌症，不但因其愈后效果在众多心理疾病中是最差的，一旦患上程度较重的抑郁症，很可能面临终身患病，且重症患者往往有严重的自杀倾向。

治疗抑郁症的过程需要咨询师能够让患者产生的扭曲认知心理得到修复。抑郁症所表现的认知上的扭曲主要体现在：患者在自我认知、对世界的认知上都存在着偏差，经常会在心中产生消极、负面的评判。在自我认知方面，抑郁症群体会经常性地否认自我，认为自己没有长处和价值，在自己的生活环境中也无关紧要。在对世界的认知方面，抑郁症群体会对整个生存环境持有悲观态度，会放大生活中存在的一些困境要素，无法合理地利用周围的条件来解决问题。在这种心理作用下，抑郁症群体难以相信自己的努力能够产生好的结果，对未来充满了绝望感，同时也无法在生活中得到提振心情的反馈。

第八章　网络环境下心理健康教育创新

第一节　大学生网络道德素质教育

一、道德心理与网络道德心理

（一）道德心理的概念与内涵

1. 道德心理的概念

道德心理学作为一个交叉学科，是基于道德为指导理论和指导纲领，以此来干预一些心理行为的学科，同社会生物学这类学科一样，具备较强的普适性质。但道德心理学相较于其他类目心理学而言，更为侧重道德认定标准下的心理行为，探究道德认知中的心理机制、心理过程、心理状态、心理活动。而从这一点来看，道德心理学本质上是起到干预心理活动、约束道德规范的效果，由此形成一种"道由心生"的状态。

2. 道德心理的内涵

道德认知建立在古往今来诸如约定俗成的内容基础上，是人类发展历程当中对于以往经验确认认知当中归纳而出的精华内容。从《论语》当中所提到的经典内容再到当前主流的社会主义核心价值观，这些均能作为当前道德认知的具体内容。但需要强调的点在于，道德认知既具备主观性也具备客观性，但大多是建立在客观认知基础之上，具备一定的权威性质在其中。

既然说到道德认知是作为一种具备主观认知的产物，那么其中一定蕴含附带主观内容的情感载体，而通常在学术界中，将此种主观内容称为道德情感。道德情感既能指代中国传统文化当中的"疾恶如仇""是非分明"这些情感，代表一种能推动情感朝着具体化方向发展的内容，还能引申出一系列爱国情感、集体主义情感等，而这些内容的衍生则是从先秦诸子百家当中的"兼爱非攻"这类思想中，不断经过实践、认知所得出的内容，既具备一定主观性，同时也能被社会所认同。

在带有主观性质的情感作用下，道德背后也受到了意志的影响，意志作为人类主观能动性外在表现出的内容，其表征形式来源于人类情感干预和对外界环境抗拒的作用，能展现出较强的主动性质。对此，我们将这种带有主观性质的道德称之为道德意志，其中道德意志中的意志同自由意志中的意志如出一辙，代表一个作为人类个体的具体意志内容，但不同的在于此意志用于修正和改正道德内容，干预道德内容朝着正确方向发展，让其不成为脱缰野马。而想要干预道德内容朝着正确方向发展，不可避免的是理性道德，即具备客观性质的道德认知，这与其主观性并不违背，只不过是客观效能大于主观效能，从而才能产生正确的道德意志。

道德行为是行为与道德二合一的过程，即道德用于指导行为，行为本身又能反馈于道德，形成一种较为均衡的局面存在。从当前德育教育的进程来看，道德行为其实就是德育教育中的"知行合一"，要做到"知什么而可为""知什么而不可为"。但欲达到这种效果，仅依靠简单的道德教育尚不能做到，还应当在原有基础上，做到明确道德行为方式、认知道德行为习惯这两方面，即是道德行为积累认知的过程，同学习一样，要先明确死板的道德行为界定后，才能做到面对具体道德考验场景时，具体做出正确的道德引导行为。

道德行为是在记忆认知基础上建立而成的，进而又需要做到视具体情况而定，做到具体问题具体分析，所提到的具体认定具体分析的界定范围较为模糊，因而需要建立在个性化基础上。道德个性则是对这一过程的判定，即在拥有道德认知、道德行为等内容积累的基础上，要根据具体情况甄别如何实现道德个性。细分来说，道德个性关乎人类行为、认知、习惯的方方面面，涵盖但不限于道德认知、道德日常规范、道德抉择、道德观念方面内容，是一个人在学习不同道德内容后的一大特殊表现，具备较多的变动因素。

（二）网络道德心理的概念与内涵

从当前网络道德心理学的认定标准来看，认为网络道德心理是代指道德心理在网络环境下的特定表现，是原本道德心理学在网络环境下的特定变换、放缩，带有一种适配性。也意味着网络道德心理与网络本身很多内容具备较强的相关性，关系到网络道德认知、网络道德行为、网络道德个性等方面内容，即为前一小节内容在网络环境下的进一步延伸。尽管网络道德心理在特定环境下正不断发生改变和延伸，但本质特征依然不变，能从道德心理基层逻辑出发，探究具体的行为特征。

二、网络道德心理的形成及结构

（一）网络道德心理的形成过程

网络道德心理学建立在雷斯特等人的研究基础上，强调在道德心理行为当中的影响因素是由各种习惯、行为、认知共同构成的，而并非单一影响因素对道德行为产生的具体认知。

1. 解释网络情境

在面临纷繁复杂的网络情境时，大部分大学生往往会经历一场'头脑风暴"，需要根据已有的网络认知基础，努力理解当前所发生的一切，还要在众多可能性中评估自身在网络情境当中的具体行动及其潜在后果。在此过程当中，正是一种对网络情境的不断全面认知过程，并非简单的信息接收，起到一种深度解读与自我对话的作用。

但不可忽视的是，此过程中既有认知全面的过程，还涵盖着较多的情感力量，当大学生试图理解某个网络情境时，其常常会不自觉地对其产生强烈的情感反应。情感并非独立于认知存在，而是与认知紧密相连，有时甚至会在认知的瞬间喷涌而出，充满冲动性。当情感唤起时，往往不受大学生主观意志的控制，它会无意识地引导大学生去强调或忽略情境某些方面，从而影响其对情境的整体理解，这就可能导致网络情境偏离具体的情况。

从上述内容当中，不难总结出：事实上，大学生对网络情境的道德意义的理解与解释，是极为复杂的心理过程，需要大学生从众多的线索中检索信息，将这些信息整合成一个完整的图景，并在此基础上做出假设和推断。要将此过程顺利进行，需要依赖大学生认知能力的发展水平，还与其对他人需求与利益的敏感程度形成一种正相关关系。

2. 实施网络道德行为

在深入剖析个体的网络道德行为时，我们不得不回溯到网络道德抉择的那一刻。正是在这样的抉择基础上，个体进一步将内心的网络道德意向转化为实际的网络道德行动。这一转化过程，如同精心雕琢的艺术品，既需要个体拥有扎实的体能和技能作为基石，又需要其清晰地规划出行动的每一步，确保每一步都坚实而有力。

然而，网络道德行动的实施并非一帆风顺。在这个过程中，个体可能会遇到各种阻碍，如疲劳、挫折，甚至是外界的干扰。但正是这些挑战，考验着个体的道德认知、道德情感和道德意志。道德认知与道德情感，它们如同指南针，指引着个体是否去涉足某种网络活动；而道德意志，则如同坚韧的绳索，牵引着个体愿意付出多大的努力去克服这些困难和消极体验，坚持到底。

插叙一下，我们不难想象，在网络世界中，每一个道德抉择都是一个十字路口。个体站在这个十字路口，需要借助道德认知和情感来判断前行的方向，而道德意志则是推动其迈出坚定步伐的动力源泉。

回到我们的主题，网络道德行动的实施，正是个体在道德认知、情感和意志的共同作用下，克服一切困难，坚定前行的过程。其不仅要有明确的行动步骤，还要有战胜一切阻碍的决心和勇气。只有这样，个体的网络道德意向才能真正转化为具体的网络道德行动，进而在网络世界中留下坚实的道德足迹。

3. 形成网络道德人格

网络道德内化的完成，经历了对网络情境的解释、道德判断的形成、道德抉择的作出以及网络行为的实施这四个关键阶段。然而，这仅仅是内化过程的起点。经过多次外化实践的检验和理论的不断升华，网络道德观念体系逐渐融入了大学生的性格之中，进而迈向了网络道德人格化的崇高境界。进入此境界的大学生，其行为已深深烙印着网络道德的印记，其已能按照已经内化的网络道德取向，长期控制个体的行为，使之成为长期坚持的行为习惯。而从其道德标准限制内容的方面而言，其自身已在慢慢学习和成长当中融合成完整的哲学思想体系或世界观，网络道德观念在其身上达到人格化新高度，成为自身存在的一部分内容。

一个拥有网络道德人格的大学生，其行为特征尤为鲜明。一方面，其形成了明确一致的方向。不论在何种情况下，何种特殊时刻，其政治观、道德观以及政治与道德态度都保持着高度的一致性。这种一致性并非偶然，而是其选择性反应的体现，是其在网络道德实践中积累的深刻洞见。这种一致性使得其能够在无须事前有意识思考的情况下，指导自己的网络道德实践，使高尚的网络道德行为成为一种习惯性的本能反应。

另一方面，其展现出独特的网络道德人格特征，是网络道德观念体系在其身上的人格化体现，是网络道德人格所达到的最高层次。在此层次上，大学生已经攀登到网络道德修养的巅峰，其行为、思想和情感都深深地打上了网络道德的烙印，能具备自主明断道德的能力。

（二）网络道德心理结构

1. 网络道德主体行为

在深入探讨大学生的网络道德行为时，不得不关注其动机目的性体现，倾向性并非空泛的概念，而是以较为具象化的方向，来具体反映在其网络道德背后逻辑的多层面。

进一步挖掘这种驱动力的源头，不难得出结论：网络道德动机似乎是这种驱动力的源泉所在，在网络道德需要的刺激下，直接推动人们进行网络道德活动，以达到特定道德目的的内部力量。从根源角度而言，这种动机则是源于心理层面，能根据基础层面来激励大学生投身于网络道德实践的关键因素。

但动机和需要仅仅是网络道德行为的外在表现。要真正理解和把握大学生的网络道德行为，还需深入其内心世界，探寻网络道德信念这一核心要素。网络道德信念是网络道德心理结构深层系统的最高核心，是大学生长久地、坚定不移地按照自己内化的道德意识进行道德活动的内在需要。由信念逐步到深度认知角度来看，这其实是其内心真正接受并愿意为之奋斗的信仰，是深刻的道德认识、炽热的道德情感和顽强的道德意志的有机统一与升华。

2. 网络道德心理结构的特点

从结构特点角度来进行阐述，网络道德心理结构由多方内容所掌控，类似于权力管控当中的"三权分立"的局面，而三角形具备稳定性，在这种三方力量的作用下，网络道德心理会由此得到一个稳定结构的约束，相互制衡。具体而言，网络道德心理由道德认知、道德意识、道德行为所决定，三者分别处于认知、思想、行为三个方面。三个方面的内容是已成为体系存在的内容，相互必然会出现流通性，即认知作用于思想，思想用于评定认知，因此可以认为网络道德心理具备一定的相互流通性。

三、网络道德心理对大学生心理健康的影响

在深入剖析人的精神世界时，我们不得不提及思想观念这一核心要素。思想观念，亦被称为"思想"或"观念"，它是人脑思想活动的产物或成果，代表着人们认识的理性阶段。这一理性阶段涵盖了政治、法律、道德、哲学、科技、宗教、艺术等多个方面，共同构成了人类思想的丰富内涵。

当道德观念反映在个体身上时，它便转化为个体的道德品质，也是我们通常所说的品德。然而，我们需要明确的是，思想道德与心理虽然紧密相关，但却存在着本质的区别。这种区别主要表现在内涵和表现形式两个方面。从内涵上看，思想道德属于理性认识的范畴，它更多地关注于人的理性思考和道德判断，而心理则更为复杂，既包括感性认识，又涵盖理性认识，同时还涉及情绪、意志等心理过程。内涵上的差异使思想道德和心理在人的精神世界中各自扮演着不同的角色。从表现形式上看，思想道德主要以"观念"的形式呈现，如世界观、人生观、价值观等，这些观念属于社会意识形态的范畴，反映了人们对世界的理解和追求。而心理的表现形式则更为多样，包括感觉、知觉、注意、情绪、情感、兴趣、性格等，它们更多地体现了个体在生理基础上的心理精神状况，并不直接属于社会意识形态的范畴。

回顾思想道德的形成过程，我们不难发现，心理在其中扮演着重要的角色。心理，作为思想道德形成的基础，为我们提供了对世界的初步感知。人们在实践中对客观物质世界的认识，起始于感觉，经过经验的累积，发展为知觉。这些感知信息在人脑中留下印象，形成记忆，这些都是心理活动的产物，是感性的认识，尚未触及思想的层面。然而，当这些心理材料不断丰富、完善，经过心理思维的加工，便形成了我们的思想道德，使我们得以洞察客观事物的本质和规律。在这个过程中，感情和意识的参与不可或缺，它们为从感觉到思想道德的转化提供了动力和方向。同时，从心理的发展角度来看，心理不仅是思想道德形成的前提，更是其稳定的基础。一个合理的认识结构、良好的情感体验、坚强的意志品质，这些心理因素为正确思想道德的培育提供了土壤。反之，若认知扭曲、意识薄弱、人格平庸，那么思想道德的大厦将摇摇欲坠。

四、对大学生网络道德心理的教育

提升大学生网络道德心理素质，必须进行网络道德教育，深化大学生的网络道德认知；提高网络媒介素养，培养大学生的网络道德情感与意志；将自律与监督相结合，规范大学生的网络道德行为。

（一）深化网络道德认知

大学生网络道德心理问题产生的原因大多来源于道德认知层面上存在障碍，对于既定的道德认知内容缺乏系统性的梳理，由此产生了模棱两可的道德认知。尽管就目前形势而言，网络道德认知层面上存在种种障碍，其不论是从形成体系、还是从认知层面上来说，网络道德认知的方面是远不及现实道德层面。由此应当从网络道德认知层面入手，予以填充和补全内容，让网络道德认知能达到现实道德认知的一个基本盘，从而实现道德的规范要求。

具体来说，应当以道德认知为规范基准，既要从此前传统道德观念当中汲取必要的养分，形成精华部分，又要根据当前普世价值观做出一定的"与时俱进"，而将精华部分与当代道德价值观的通识内容结合，可以总结归纳为如下内容：

1. 爱国守法

"爱国守法"是网络政治生活当中首要遵循的价值观念，爱国由传统道德规范中的儒家思想归纳而来，守法则是由传统道德规范中的法家思想归纳而来，二者在与当前普世价值观进行碰撞后，形成二者既相互独立，又相互依存的局面。单论爱国这一内容，即在网络世界当中也要遵循祖国领土完整、主权完整等内容，尽管当前不少国家正对我国的网络环境进行攻击，但在爱国道德认知影响下，网络世界当中依然存在较多具备爱国认知的网友。从这一点来说，爱国则是由现实世界的认知衍生到了网络世界，形成一种线上线下相互并存的道德认知。守法则是微观层面上的爱国，我国奉行依法治国方针，守法无疑是对依法治国方针的最佳奉行模式，能接纳国家出台的法律，从网络世界的个体入手，做到有法可依、有法必依、违法必究。

2. 诚信无害

"无害"强调的是，人们不应该利用计算机和信息技术给他人造成直接或间接的伤害。

此前很长一段时间中，网络世界中的人物公信力较低，究其根本原因在于网络世界当中掌管诚信行为的部门缺失，无法在网络世界当中达成一些既定交易、既定行为时做出具体的判断。而由于网络世界本身是一个容量较大的载体，能将其中出现的负面信息和正面信息同时淹没，导致一些非诚信行为无法得到曝光和警示，这些非诚信行为后续处理过程当中，也没有相关部门及时介入，因而导致诚信始终无法在网络世界中落实。

非诚信行为背后的行为是有害行为，即会对某一方造成损害，导致一方利益受到损害，这种损害长期积累下来，自然也会导致网络世界被妖魔化的情况出现，让正常人对于网络世界的认知戴上一副有色眼镜。而要加强网络教育，应当从根源上入手，尽可能根除可控范围内的非诚信行为和有害行为，逐渐修补损失的网络世界公信力与摘掉有色眼镜。落实方面既要从保障网络公民权利入手，尽可能在不剥夺网络公民权利基础上对于权利进行合理分配，同时正规化、平台化部分网络交易，让交易能得到监督保障。最后则是要对非诚信行为和有害行为背后的信息源进行彻查，从根源上解决问题，断离不良信息传输通道。

3. 文明友善

文明友善作为我国社会主义核心价值观中的一部分内容，不能只落实在现实生活中，更要逐步扩展到网络世界管控当中，对于不文明行为和不友善行为进行管控，做到网络环境的净化。

文明行为其实代指文明的用语、文明的网络行为、文明的网络作品展示等，这就将文明融入方方面面的引导行为。这种引导行为自身还能与一些道德行为标准联系起来，如诚信无害等，可将其视作文明友善行为的又一特定表现。

友善在网络世界当中更多的是代指一个态度问题，代指网民交流过程当中出现的各种行为是否存在主观意识和客观认识上的问题，由于这种态度问题认定较为困难，因此需要结合友善用语、友善暗示等方面同步进行，让友善成为一种能印在各大网民心中的内容，而并非只停留在表面上。

4. 自律自护

"自律"是由网络道德自主性的特点决定的。由于当前我国网络相关的法律尚未健全，还存在一些法律尚未能管控的领域，例如对于"网暴"这种内容的认定还存在缺陷，不能用法律管控全部内容。也正因为如此，网络成为大部分人能脱离阶级、脱离现实，能自由交流的地方所在，而想要在此环境中进行道德约束、道德管控，很大程度上是由参加网络的人员自身所决定的。这种处于自身的道德管控行为，称其为自律自护。

自律其实代指道德自律，其实是参与网络的人员自身的道德约束，即使没有法律约束，也能用自身所具备的道德水平进行约束，明白什么网络行为可做，什么网络行为不可做，这便对于网络人员有一个基础的道德要求。至于自护则是自律的对立面，讲究是自身如何在网络世界当中做到独善其身，如何在接收到信息差、不良信息后，还能维持对于网络的初心，做到不违背道德，这便要求使用网络的人员具备强大的心理，能具备正确价值观。

（二）培养网络道德情感与意志

大学生网络道德心理问题产生的一个重要原因是大学生网络媒介素养欠缺，缺乏良好的网络道德情感与坚强的网络道德意志。提高网络媒介素养，培养大学生良好的网络道德情感与坚强的网络道德意志，十分必要。

1. 提高大学生准确认识网络媒介及传播环境的能力

互联网时代下，网络已作为当前大学生获取信息最主要的渠道所在，提供了一定便利性，同时也从一定程度上改变了大学生的学习、生活习惯。尽管网络对于大学生产生较大的影响，但目前大学生对于网络技术的认知较为不足，对于网络媒介及传播环境的认知还停留在较为娱乐化的层面上，依旧认为网络技术只能用于服务常规的游戏娱乐、短视频消遣，对于信息传播层面的思考较为匮乏。而改善此种现象的方法则需要从教育和实践角度出发，双管齐下，形成既有理论知识又有实践基础的人才。

具体而言，要从教育层面入手，学校应当按照学期为基点，划分出具体的网络教育课程，侧重对于网络传播、信息传播等知识节点进行讲述，让学生了解有关信息传递的理论知识，将其从枯燥知识上升到日常生活中，避免学而不用的情况出现，从实践层面入手，则是应当以网络教育课程为基点，开设具象化的作业形式，例如探究信息传播效果、信息研究报告等具备实践意义的作业，让理论用于现实，增强基础应用能力。

2. 提高大学生有效获取利用与客观分析批判网络信息的能力

就目前形势而言，网络技术加持下，当前网络已成为人类迄今为止最大的信息数据库所在，其包含的信息内容已能完全覆盖迄今为止的所有信息量。在此背景下，大学生所接触到的信息量自然会呈现较快增长趋势，但正因为如此，大学生便会较为依赖于网络来获取各种信息。

但就大学生这类群体而言，由于大学生这类群体自身认知能力有限，缺乏对于网络上各类信息的甄别能力，对于部分"假信息""假新闻"的识别能力有限，容易被假信息的舆论所影响，造成信息识别上出现较多错误。面对诸如此类情况，应当从根源上加强大学生对信息的甄别能力，让大学生能自发地鉴别相关错误信息，定时、定量开展相关网络教育工作，让大学生能基于教育角度出发，形成对于错误信息的批判能力，从内核上培养起优良精神。

3. 提高大学生恰当应用网络技术理性参与网络信息生产及传播的能力

网络媒介在提供便捷的同时，也要求使用者应当熟悉使用规则，具备一定技术能力。将这一点具体化到大学生层面上，即要求大学生具备一定网络技术能力，能应用当前市面上主流的各类软件，能将其用于简单的检索场景，能搜寻基础资料，寻找可用和能用的基础信息。但掌握网络技术还应当建立在规则限制基础上，不可否认的是，当前网络上充斥着各类真假信息，而部分在技术应用领域较为强势的大学生，可能基于信息技术产生不正确的做法，这势必会影响到网络安全、网络舆论安全等内容。上述现象已在一些政府网公开的犯罪案例中找得到对应的案件，因此预防网络技术的错误使用刻不容缓，要多方面干预，让大学生正确认识网络技术，加以道德和法律的双重限制。

除了从道德法律层面约束大学生的技术应用之外，还应当从网络的角度追根溯源，削减掉不良信息、错误信息的出现概率，让网络平台、法警部门予以介入，掌管相关内容。从网络平台角度而言，以实名认证的方式，减少水军这类发布不良信息的账号根源，以用户画像为核心支持技术，具体干预大学生接触到不良信息的概率，减少相关无意义的推送信息。而从法警部门角度而言，则是介入网络各大平台当中去，成立相关责任制度部门，对平台数据进行一定监控，以特征收集系统为技术导向，从根源上打击不良信息，同时可将部分检索技术作为案例为大学生教育所用，让技术能用、用好、用对。

4.提高大学生适度应用网络各类娱乐服务功能的能力

网络技术发展带来的娱乐服务功能深受大学生群体的喜爱，一方面是由于大学生群体自身可支配时间较为充裕，平均每日可自由支配时间达到5小时左右，另一方面网络娱乐作为低廉成本的消遣方式，大部分大学生会花费大部分时间到网络娱乐上。但网络娱乐的动机较为多变，既有大学生是为了娱乐而借助网络实现，也有大学生为学习、提升自我去借助于网络娱乐。在此背景下，应当让大学生对网络娱乐形成正确认知，正视网络娱乐的利害之处，从而合理应用网络，增强自身掌控能力。

五、自律与监督相结合规范网络道德行为

自律不强与监督不力是大学生网络道德心理问题产生和网络道德行为失范的重要原因。因此，必须将自律与监督相结合，规范大学生网络道德行为。

（一）加强自律以规范网络道德行为

传统条件下的道德调节约束主要建立在过往约定俗成的规范基础上，主要表现在习俗、文化、规范方面，但这种道德调节约束在网络背景加持下，往往不会起到较好的效果，对于大部分人起到的约束效果较为有限。倘若这种约束效果映射到网络世界这种自身难以管控的领域当中，其起到的约束效果自然还会大打折扣，而想要在这种环境下实现道德行为约束和管控，则是更多要出于一个自发行为层面上的管控，即让个体具备的道德自律行为进行管控。

道德自律行为有很多种认定方式，但最为主流的认定方式还是在没有约束或弱约束环境下，个体采用自发性、自律性的方式进行具体的道德管控，将长期积累而出的道德情境认知、道德范围标准灵活应用，从而起到一个自我性的道德行为。但这不免也会造成一种道德行为难以界定的情况出现，很难去界定网络道德行为是否正确，是否能将其作为一种正确的道德认知标准。

从这一层面上来讲，要加强网络道德自律行为，需要从主体、客体两个方面入手。主体主要在于使用网络的人物——大学生，大学生虽然已经经过了一定的道德教育，但面对复杂的网络道德标准认定上还存在不足。因此针对大学生的网络道德教育则是要从量化标准的道德教育方面入手，可以将网络道德中较好界定

的内容融入当前的道德法治教育当中，最好将其制作成为独立案例，能供大学生借助案例形式直接进行学习，让大学生借助已有案例增强自身道德认知能力。而从客体角度方面来说，网络世界本身也是会对大学生进行教育，虽然起到的教育效果不佳，但不能由此否认其教育存在的具体效果。为此可从网络道德教育的客体入手，让网络世界在一些大学生数据浏览较多的平台、网站、游戏界面等地方，插入或融入一些网络道德教育内容，其中尤其针对平台道德教育内容，抽取部分优秀教育内容作为典范，让大学生进行学习，同时还能将较好的案例收纳到道德法治教育当中去，将其视为道德法治教育的一大案例存在。在主客体两方面共同作用下，起到的效果势必会大于单边强化控制的效果，能实现彻底的 $1+1 > 2$。

（二）加强监督以规范网络道德行为

对于网络环境而言，网络道德行为的约束较难以法律条例进行量化限制，其中涉及的主体方较多，管理起来错综复杂，因而需要与网络道德教育、法律约束、社会监督等方面形成一种合力，从而发挥主观作用。但要起到上述效果，就要求上述相关的主体方形成犄角之势，构建起规范网络道德行为的监督机制，让社会各界、学校、网络用户相互间达成共识，做到针对网络道德层面上的"求同存异"。

从我国当前具体形势走向来看，目前我国在互联网法律法规的具体制定执行上已取得显著进展，从此前政府发布的网络治理工作报告当中不难得知：此前一系列网络违法犯罪案件在依法治国基础之上，实现彻底的依法审理，从根源上有效惩治网络主体存在的违法行为，为广大网民敲响了警钟，初步彰显了"依法治网"的成效，这也始终贯彻了依法治国的基础理念。根据这种基础结果，不难得知在这种短暂成果的背后，依然离不开网络道德教育与法律约束双管齐下起到的作用。一方面，网络道德教育作为道德建设的重要环节和活动形式，对培养理想道德素质、调节社会行为、塑造良好的社会舆论和风气起到了不可或缺的作用。在教育过程中，各相关部门联合起来，从根源上坚持了社会教育、学校教育与自我教育的有机结合，线上教育与线下教育的相互配合，尤其注重提升大学生的网络社会善恶辨别能力和道德自律意识，此项内容在此前已得到了详尽阐述。另一方面，法律约束也为网络环境的净化提供了坚实保障，弥补了我国法律层面空缺的现象。

仅依靠法治的思想来进行治理，显然达不到预期效果，当前互联网环境中，部分网络问题处于法律与道德之间，出于管控的灰色地带，因而单依靠法律尚且不能对这些方面进行有效管控。在针对灰色地带的管控时，社会赏罚机制与技术调控手段正共同发挥着维护网络道德秩序作用，既能从传统道德规范层面上做出延伸，同时也能加强现代信息技术的应用，做到"以本治本"的效果。进而从"以本治本"的角度来谈，网络自律技术，尤其是分级过滤技术这类网络安全系数较高的手段，能对网络空间中的不良信息进行筛选过滤，为用户提供了一个纯净的网络环境，杜绝一些错误信息、不良现象的出现，从根源上防患于未然。而其本身也能从技术上的"道德过滤"实现道德内化，对信息传播自由权利进行一种合理限制。同时，这种利用现代化的信息技术手段，在遏制不良信息行为的基础上，还能对公共信息通道中信息进行过滤净化，消除了不道德因素，确保了网络信息的健康传播。

最后从社会各界的相互帮扶助力角度来说，网络道德监督已形成社会、学校、家庭、同学之间共同参与的格局。这种多元格局下，监督核心手段，即网络道德评价，正日益凸显其重要性，能客观反映一些带有实际作用的信息来。

第二节　大学生网络心理素质教育

一、大学生理性网络观的确立

网络观，主要是指个人在使用网络过程中对其形成的总体认知。从宏观上看，网络观代表人们对于网络本质和在社会中的位置形成的看法；从微观上看，网络观是个人如何看待网络工具和使用网络的问题。目前，网络在社会中的影响不容忽视，网络观也反映出了人们对于当前信息社会的看法。

目前，很多人对于网络产生了很多片面的看法，造成了网络观的扭曲，其中包括对网络完全敌视和深度依赖两类网络观。网络也成为大学生上网成瘾及许多心理问题的影响因素，因而网络素质教育需要以网络观教育为基础来开展。一是要让大学生形成正确的科学观，认识到网络发展与信息技术发展的关系，要正确认识和使用科学工具。二是要辩证地认识网络环境，处理好网络使用和个人生活之间的关系。要让大学生能够自主地管理对网络的使用，使网络能够做到"为我服务"。三是能够从现实社会环境的角度来认识网络，分得清网络在社会中的地位以及人与网络的关系。无论是在网络环境下，还是在现实环境中，大学生都能够形成"以人为本"的思想观念。四是在现实生活和网络环境内能够做到言行的一致性，要自觉维护自己的道德观念，不应在网络环境中出现失范言行。五是能够抵御网络环境对于人的异化。网络环境通过信息、符号等要素，具有很强的异化和控制能力。当人在被符号化之后，异化就会产生，这种控制就会随时发生。例如，网络消费主义对于人的异化，会让人陷入消费的陷阱。树立健康、正确、理性的网络观是网络行为理性的思想性保障。

二、网络理性行为、理性人格和理性精神

大学生在使用网络过程中，应建立理性主义的人格特质，使自己在行为、思想上拥有理性精神。理性人格是一种社会化人格特质，表现为在思想上的成熟、稳重，在认识上能够受到理性思维的支配，不会轻易地被一些虚假、片面的信息所左右。大学生通过受高等教育和积累社会经验，会逐渐向理性人格方向发展。理性人格的形成离不开理性认知。主要是人在感性认知的基础上，通过让自己的知识结构得到完善，形成理性思维，从而让认识层次得以上升。理性认知体现在一个人能够在对事物产生知识性的认知基础上，还能够认识事物发展的规律和本质，能够将外在客观事物之间的联系建立起来，从而形成完整的世界观体系。因此，理性认知要高于人的感性认知，也高于人通过受教育而获得的知性认知。

高校要在大学生使用网络的过程中，让他们通过对网络的应用，提高网络素养，将网络的认知从感性上升到知性，再上升到理性。理性的网络认知能够使大学生在行为上也体现为理性，既能够在网络中控制自己的言行，注重对网络道德的遵守。在使用网络过程中，大学生要明辨网络中的虚拟人格和自己的理性人格，要让自己成为使用网络的主体，不会受到网络中不良思想观念的影响。在网络中也不应让自己的人格迷失，而是要坚持自我的独立性，抵御各个网络平台中的符号化、标签化的异化人格控制手段。

培养网络的理性精神，是网络行为理性的最高境界。网络的理性精神是凝聚

在网络主体和网络社会中的网络人文精神的升华，是指导人们网络行为实践的意识力量，是倡导网络行为理性的精神价值追求。

三、大学生网络行为的自律

在网络平台的作用下，信息传播的速度和数量都在呈几何倍数上升，任何人都可以在网络中快速而广泛地进行信息传播。个体在网络中也有着极高的自由度，社会中的很多道德、习惯、规则等方面限制会被网络环境消解。随着网络在人们生活中的地位越来越重要，也会将传统的社会道德加以改变，在网络中构建起新的道德和文化，使用者也会将网络的道德文化带入现实社会当中。道德体现为人们的思想、言语和行动等方面，是人们在精神上自律的表现。道德也是社会要求所有成员共同遵守的精神品质，能够帮助人们自觉地维护社会关系。如果网络对于社会的传统道德产生了破坏，人们就会按照网络中的习惯来改变自己的言行。道德秩序通常难以依靠法律和法规来进行约束管理。因此，维护健康网络环境和社会环境，需要鼓励人们能够形成言行上的自律。

（一）大学生在网络中的自律行为

大学生在网络中的自律应该与其在生活中的自律保持一致性。大学生的道德层次和思想观念决定着他们的言行，在良好的校园环境中，大学生通常会融入这种环境，自觉地约束自己的行为。但在网络环境中，通常不存在对用户言行的过度约束，因而需要人们能够借助自律来维护网络环境。高校在进行网络心理素质教育时，应重视增强大学生的自律意识，使其在自我的道德要求中融入网络道德的内涵。

大学生在心理上依然存在不稳定性，这会导致其在思想道德层面上容易出现波动，也会在外界刺激下难以控制自己的言行。如果大学生长期沉迷于网络，缺少了在校园环境和社会环境下的熏陶，其思想和道德则会向网络环境靠拢。在缺少自控能力和理性认知的状况下，网络中的不道德言行会更快地占据大学生的思想道德领域，使大学生在言行上产生变化。许多大学生之所以受到网络的影响较为严重，关键在于他们缺少自律能力，不能在网络环境中坚守自己的道德底线。

（二）大学生在网络中的自我管理

目前，高校在软硬件改进过程中通常不会抗拒网络在校园的普及，而是积极进行信息化校园的改造，以便使新时代的高校能够紧随时代脚步，改善校园生活环境和教学条件。大学生在学习和生活过程中，都有了更好的网络使用条件，除了更加通畅的宽带网络，还会在5G等通信技术的带动下，便捷使用移动网络。

可以说，网络已经成为校园软硬件环境建设的一部分。而对于大学生使用网络的教育和管理，不仅体现在物质条件管理上，还要加强大学生的自我管理。当前的大学生由于家庭条件的普遍提高和信息环境的便利，通常拥有个人电脑、手机、平板电脑等多种网络终端设备，可以随时随地使用网络。这些条件使得高校无法通过定时断网、断电等方式对大学生使用网络的频率和时间进行管理，除了课堂教学之外，大学生使用网络已经不再受到限制。在新的网络环境下对大学生进行网络素质教育，关键在于使大学生具备自我管理的意识和能力。在大学生心理健康教育过程中，学校需要重视加强对大学生的网络认知教育、帮助大学生戒除网瘾、指导大学生正确使用网络。另外，还需要通过道德教育、思想政治教育，帮助大学生树立健康的网络观，使其在网络中也拥有道德上的自律精神。

（三）大学生在网络中的道德境界

大学生在网络中的道德自律，主要体现为拥有"慎独"精神，这种精神主要是指当一个人缺少人际关系和其他监督情况下，也能坚定维护自己的内心，让道德、信念和行为不会产生异变。网络环境中虽然拥有十分特殊的社交网络，可以让各方面的用户进行交流，但其本质上是人在独立状态下进入的一种虚拟空间。个人在网络中难以与他人建立真正的密切关系，无法实现人与人的互相监督。因而大学生在使用网络过程中，实际上是在进行独处，"慎独"精神则可以应用在大学生的网络使用过程中。大学生在进入网络时，也不会得到身边亲人、朋友的照顾，必须能够对自己的道德和心理进行监管，因此大学生在网络中所拥有的道德境界就是指能够坚持自己的道德底线，自觉抵御外界的不良环境，自觉地做好对个人心理和行为的管理。

综上所述，当代大学生的网络行为形象是可塑的，要通过自塑和他塑两种机制来提升大学生的自律品格，并充分发挥自律的律己和律他的双重功能。

四、大学生网络心理健康素质提升的基本内容

高校的心理健康教育要与网络素质教育实现融合，使二者产生相互促进的作用，既通过心理健康教育提高网络素养，又通过网络认知教育、网络道德教育等巩固大学生的心理防线。网络环境对于大学生心理素质的成长产生更多影响，其产生的影响既有积极的部分，也有消极的部分，使得心理健康教育成为一个动态化、多样化的过程。另外，网络环境也能够让心理教育的内容更加丰富，可以为教师和学生提供更多的教学资源。传统的心理健康教育包含了对于大学生人格品质的培养，思想道德的培养和心理健康素质的完善等内容。网络环境则可以容纳部分内容，并实现教学内容的更新与重组。按照心理健康教育发展型内容体系和心理障碍的防治内容体系，网络心理健康教育应该包含以下内容。

（一）网络心理发展性内容的教育

1. 网络心理健康意识自我教育

大学生网络心理健康意识的形成和发展，重点在于使大学生能够发展出自我教育的能力。在网络环境下，能够使自身保持健康的心理状态，能够对心理状态出现的波动进行调整。

高校所开展的心理健康教育只是提供了一个外在的基础条件，而大学生心理健康水平的提升依然需要进行自我构建。大学生自我效能、自我管理是让自己提高心理健康水平的根本动力。在进行自我教育过程中，大学生要有能力对自我的发展情况和人格特质进行分析和审视，能够借助良好的外部环境来开展自主学习。

在网络环境中，大学生会拥有较高的网络技术使用能力，对于网络中的各类信息也能够快速检索，凭借自身的创新能力和接受新事物的能力，会在网络使用过程中占据优势。因而大学生可能会比家长和教师拥有更快适应网络的能力，而他们所接触的网络内容也是更多的。如果大学生能够拥有较强的自我管理能力，则更容易抵御网络中的不良道德和行为。许多大学生在使用网络过程中，不仅道德品质下降，心理健康问题也不断出现，关键在于其心理健康水平不够稳定，对于网络环境的认知能力较差，也无法产生自律性。因此，高校所进行的网络心理健康意识教育是让大学生提高自我教育能力的基础，其主要内容有：一是让大学

生树立正确的网络观，使其对于网络的积极作用和消极影响拥有明确的认识。同时在使用网络过程中，要认识网络工具的意义，树立明确的上网目标。二是要提高大学生的理性认知，对于网络中的信息具有鉴别能力，能够识别虚假信息和有害信息。三是要重视大学生心理健康基础的调查分析，避免让大学生因现实生活问题而出现沉迷网络的情况。

对于大学生中的适应不良者，针对他们在网络虚拟空间所出现的认知障碍、情感障碍、意志个性障碍等心理不健康的表现，可以通过自我教育中的正确认识自我、积极激励自我、主动调控自我等重要环节相应地进行心理健康教育，提升心理调控能力。

2. 网络道德心理素质教育

网络环境由于缺乏道德和社会规范的约束，往往会成为违背道德，甚至违法活动的温床。目前，在网络当中，存在着很多的网络诈骗、网络谣言以及网络化的黄赌毒问题，严重影响了整个社会的正常秩序。网络中的违法犯罪和不道德活动具有很强的隐蔽性，但传播范围较广，对于网络用户的影响较大。大学生在使用网络过程中，很容易受到这些不良活动的影响。例如，网络诈骗活动、非法借贷活动、网络赌博活动等已经瞄准了大学生群体，利用大学生社会经验不足、心理状态不稳定的缺点，对大学生进行诱惑。高校仅凭监管是难以全方位抵御网络中的危害的，这需要让大学生能够形成自我防御的意识，对于网络中具有诱惑性的信息能够加以分辨，并能够自觉抵御。

大学生建立健康的网络心理素质，主要体现在能够对自己的上网行为进行自我管理，能够控制自己的言行，能够坚持自己的道德思想防线，自觉地抵制网络中的不法行为。在面对网络中的一些不良风气时，大学生能够保持言行上的定力，不会随波逐流，不会被网络平台和其他思潮所控制。高校在指导大学生健康上网的过程中，需要重视网络观教育和思想道德教育，使其能够巩固自己的知识结构，形成理性的人格品质。同时，大学生在网络中的道德品质和心理素质能够产生互动关系，良好的心理素质能够让大学生坚守道德底线，而高尚的道德品质会促进其心理状态的稳定，使其免受一些不健康因素的影响。

3. 网络人际交往心理教育

目前，网络在人际关系中产生的作用越来越大，网络中的许多平台都是依据网络社交而构建起来的。而网络社交平台，如微信、微博、QQ 和各类视频平台、电商平台等都能够成为人们工作和生活中频繁使用的工具。因此，当前的网络具有强社交性和强互动性的特点。大学生在满足社交需求时，也往往需要借助各类网络平台来进行。他们可以在其中交流不同的观点，能够寻找具有共同性格、爱好的群体，从而加入多个网络社群。网络中的社交活动会让大学生将很大一部分精力用在其中，因而忽视了现实生活中的人际关系维护，也不再需要通过现实活动来满足心理需求。但这种情况也会让大学生的现实交往能力下降，表现为社交语言的表达能力变差，与人近距离接触会产生恐惧心理。有些大学生尽管在网络社交中游刃有余，但在现实生活中却失去了这样的能力。这些问题会影响大学生在毕业之后投入社会活动，不利于人生的发展。

当前网络社交的多功能性，能够支持大学生在网络中进行情感倾诉、广交朋友以及开展网络恋情，对于大学生心理的满足也是较为全面的。网络社交活动往往伴随着娱乐、放松和互相学习，因而对于大学生具有很强的吸引力。如果大学生能够利用好网络的社交条件，则会对自己知识结构、视野和社会能力的提升有着很大的帮助。但在很多情况下，有些大学生不具备合理利用网络社交环境的能力，其所接触的社群无法促进其发展，而且会沾染许多不良的习惯和言行，也让自己的心理防线和道德难以巩固。许多大学生因为网络社交环境的影响，其心理是难以保持健康的，越来越多的不良因素会渗入大学生的心理基础当中，产生人格障碍的隐患。

因此，在大学生网络心理健康的内容中有必要对大学生进行人际交往心理教育，提倡健康心理状态上网，并对他们进行网络人际交往的技巧和艺术的教育。

4. 网恋心理教育

大学生作为在生理上已经成熟的群体，其恋爱行为通常不会受到高校的管束。高校对于大学生的恋爱一般采取不限制、不提倡的方式，让大学生能够对自己的情感、两性关系负责。但如果大学生出现了恋爱心理问题，则需要采用心理咨询和教育方法加以引导。在网络深入大学生生活之前，大学生的恋爱行为是在其现实生活范围内进行的。出于性格、爱好、学历等方面的考虑，大学生的恋爱关系大多数也是在大学生群体中产生。随着网络社交环境的增强，许多大学生的恋爱也开始在网络中进行，其恋爱的对象可能包括网络中的各类用户群体。网恋问题是当前网络心理研究中的重要课题，具有很高的复杂性。

第一，高校在网络恋爱心理教育中要明确需要教育的内容。其中主要包括：

要让大学生能够确立正确的爱情观。爱情观涉及大学生应该如何面对一段感情，能否在恋爱关系确立后负担起自己的两性责任。如果大学生选择了网恋，要能够使大学生对于网络恋爱的观念和方式产生深入理解，能够识别网恋中存在的欺骗性，对可能出现的各类负面影响产生心理准备。

第二，高校要重视两性健康教育。目前，无论是高校还是社会，都不会对年轻人的性爱观念进行道德约束，而主要从性健康方面做出指导。高校应该在心理健康教育中补足初高中教育中生理卫生教育不足的问题，从性知识的角度让大学生形成健康的两性观。

第三，高校恋爱教育要伴随着安全教育。在网络环境中，许多人会以恋爱为掩护，进行诈骗活动，骗钱骗色情况时有发生。尤其是对于大学女生来说，其网恋的危险程度更高，要让她们认识到，许多人会专门以大学生为目标，进行情感方面的诈骗。

（二）网络心理障碍防治的教育

1. 预防网络心理障碍的教育

大学生在出现人格障碍问题的情况下，更容易产生对网络的依赖性。由于在生活中面临较大的压力，心理上的不健康，会促使他们对网络有着更多的渴望，会将更多的精力投入网络中，以寻求慰藉和心理宣泄。在这种情况下，网络就成为一种成瘾因素，会让大学生的心理障碍问题不断加重。因此，高校要面向网络成瘾的大学生群体进行心理咨询和教育，重在解决他们身上存在的心理障碍问题。为了实现这一目的，高校还需要做好外部环境建设和对大学生的生活关怀，使其能够在校园生活中获得情感、心灵上的满足。

高校还应该进行价值选择的指导，使大学生能够对个人价值和网络的功能价值做好平衡，要利用好网络的工具性，能够为自我的成长服务。通过坚定大学生的自我意志，提高自我教育能力，让大学生能够对个人的生活做好管理，可以更自如地去使用网络。一是要使大学生认识到网络是一种可以使用的工具，而自己要成为网络使用的主体，在网络环境下，大学生也需要发挥自己的价值，让网络成为促进自我发展的重要工具。二是让大学生能够同步适应现实社会环境和网络环境，这样大学生才能够在网络环境中不会迷失自我，可以自如地从网络环境中转移到现实生活环境。

2. 预防网络犯罪的心理教育

网络犯罪源于犯罪主体法治观念的淡薄。不少人在网上作案时，并无明确的作案动机，在他们的观念里，他们的所作所为仅仅是一种高级的智力游戏。网络犯罪是一种新兴的高技术、高技能犯罪，现有的法律法规并不完全适用，致使犯罪分子因无法可依而逍遥法外，为所欲为。网络社会迫切需要制定严格的与互联网发展相适应的法律法规。

对青年大学生进行网络法治教育，帮助他们树立网络法治观念，遵守网络法律法规，是新时期高校学生心理健康教育工作的新内容。大学生在网络空间活动，应尊重他人的权利和人格，自觉履行自己的义务和责任。

3. 网络危机干预和反应机制的建立

大学生在出现了心理障碍时，有必要得到学校管理机构和专门人员的心理危机干预。为此，结合网络环境下出现的新问题，高校应确立危机干预和反应机制。在这一机制当中，要包含专门的管理机构，建立学校与各个院系的协同机制，制定大学生网络干预办法，同时围绕心理咨询和危机干预确立相关的规章制度。

高校的网络危机干预和反应机制也应该结合网络环境来进行，使网络的积极作用充分体现出来。一是能够对大学生使用网络的情况进行调查和研究，要经常在大学生群体中开展网络心理问题的调查问卷，积累新出现的相关数据。要对其他高校和本校大学生网络心理危机情况的典型案例和新案例开展研究，对于危机干预的预案进行更新，并研究行之有效的对策。二是利用好网络平台，在大学生中间开展网络心理素质教育。要让大学生对于网络中的不良行为、诈骗行为和其他犯罪行为有着清醒的认知。要鼓励大学生正确使用网络，在网络中开展有利于自身发展的活动。三是进一步健全高校的心理咨询和干预机制，其中包括建立心理卫生中心、创立网络心理平台、吸纳优秀的心理工作人员。全面的心理中心应与各个院系、学生管理机构、学生社团构建协同机制，能够对全校学生的心理卫生情况作出实时反馈，要能够借助辅导员、学生群体对广大学生开展心理关怀。四是利用学科优势，加强对于网络心理课题、网络心理教育问题的科研工作，让高校的心理教育经验实现学术化成果，形成理论和方法上的创新。

第三节 高校网络心理健康教育创新

一、大学生网络心理健康教育的重要途径

高校所开展的大学生网络心理健康教育，需要通过分析网络环境下大学生心理发展情况，推出一系列创新手段，进一步探索大学生网络心理健康教育的基本路径。网络心理健康教育需要借助网络带来的技术优势，利用网络平台、多媒体、大数据等提供更多的服务内容，实现心理咨询和心理教育的多样化。

网络心理健康教育离不开线上服务平台，通过大学生的自主上网和自主选择，为其提供具有针对性的指导。具体的途径主要包括以下方面：一是运用大数据化和智能化的数据管理系统，能够对大学生开展网络心理数据的调查分析。各个高校应建立大数据的共享机制，能够对全国各地区海量的大学生群体进行心理情况的调查和分析，形成心理健康教育的数据库。二是利用网络平台的便利性，组织开展网络化的心理检测，这样就能够节省对大学生进行检测的时间和空间。三是要在学生管理的过程中，为学生建立心理健康档案。四是高校心理咨询人员应充分利用网络社交平台与大学生进行交流，要提高个人的网络工具应用能力。其中，大学生常用的微信、微博、BBS 等都可以成为高校开展网络心理健康教育的主要平台。五是运用网络平台，加强心理知识的教学和传播。其中，高校要利用教学平台、数字图书馆平台，创建与心理学有关的数字资源库；教师应借助网络平台开展微课、慕课等课程的开发，对大学生进行线上的心理知识教学。六是高校应积极组织开展与心理学研究和心理咨询相关的专家讲堂、学生社团活动等校园活动。通过公开课程的传播，让大学生能够提高自我对于心理健康的认知。

另外，网络心理健康服务也具有很强的自助化功能，因而高校应利用自助化的各类项目，让大学生能够对心理健康进行自我管理。例如，在心理健康中心设立智能化的查询机，为大学生提供人机对话的基本信息咨询。在网络中开设心理调节平台，为大学生提供心理学资料查阅、心理小游戏的测试等。

大学生网络心理健康素质提升可通过以下重要途径。

（一）设置心理健康教育网页板块

通过文本、图形、声音、动画、视频等多种呈现方式与网络的有机结合，将各种有关心理健康教育的内容以动态、鲜活的形式展现给学生，制作成心理健康教育专门网页、网站。学生可根据自己的需要和兴趣，在网站上选择不同的栏目进行学习或参与讨论。

1. 网上心理健康知识教育宣传板块

网络平台具有十分便利的信息传播功能，有助于高校开展心理健康教育的宣传。一是在高校的数字图书馆和各类教学平台开展系统化的心理健康宣传，构建电子公告体系。二是完善心理课程体系，除了高校开设的公共课程之外，还应该在网络中开办学生自选课程。三是调查大学生关心的心理问题，组织开展专门的知识讲座。四是围绕学生组织的各类活动，创办电子杂志、报刊等心理传播媒介。

网络形式的心理健康知识传播要以心理学和心理咨询的实践为基础形成内容体系，并且要结合数字化的形式，将文字、图片、动画和视频等多媒体结合起来。无论是内容还是形式都应该适应网络的环境，满足大学生对于心理健康的需求。网络心理宣传的结构体系包括以下几点：一是进行大学生心理知识的传播，要提高大学生对于个人心理健康尤其是人格健康的认知水平，要让大学生通过学习来完善自我认知，纠正在成长中出现的一些误区。二是重视大学生网络人际关系的教育。要从网络人际关系和大学生适应社会的需求，开展交际能力的教育指导。三是结合大学生未来的职业生涯发展，重点开展与就业、创业相关的心理辅导。其中包括要结合正确的自我认知帮助大学生做好职业选择和人生规划，让大学生能够有效发挥自我效能，建立符合实际的职业期望，从而准确地找到职业发展目标。四是对大学生的人格发展提供指导。在大学生心理素质走向成熟的阶段，要让大学生减少出现人格障碍的可能，促进人格的成长完善。五是结合网络中出现的心理问题，对大学生进行有针对性的咨询辅导。其中包括避免让大学生出现网络成瘾；提高大学生对网络的认知能力；指导大学生在网络中具有较高的信息素养和道德素养等。

2. 网络心理健康调查和心理测验板块

网络中的信息工具能够支持个人和平台面向海量用户提供有效的服务和信息反馈，给大学生心理调查测试带来了巨大便利。利用网络平台开展心理调查，能够让大学生在任何时间和任何情境下填写相关的资料，能够为高校反馈更加全面的心理健康数据。这些数据可以帮助高校的教师和专家开展网络心理的新课题研究，探索当前社会背景下心理学课题研究，同时高校也能借此了解大学生在心理健康方面的需求，对于出现的网络成瘾、网络危害和大学生人格障碍进行预警。

心理测验是对大学生进行心理健康水平摸底的方法。传统的方法主要是通过问卷及量表来进行，需要高校派遣许多工作人员进行面对面的测试。在网络平台中，此类量表可以借助数字化渠道发放给学生，让学生能够自助填写、提交。同时，高校利用网络测验的结果，能够帮助大学生建立电子心理档案，按照测验数据开展心理问题的分析。电子档案具有动态性，比传统的档案具有更快捷的更新功能，通过分阶段开展心理测验和调查，能够了解大学生动态的心理状态变化情况。

3. 在线心理交流与讨论板块

高校要利用大学生喜欢在网络中进行交流的特点，利用好网络社群、论坛等功能，让大学生能够自主地进行心理方面的交流。其中一方面要构建面向全体学生公开的心理专题论坛，通过知识传播和学生之间的互动，共同讨论心理问题，提高大学生对于心理知识的了解。另一方面，高校的心理咨询中心应将所有来访的大学生集中在专门的网络社群当中，采用团队咨询的形式来进行服务。这种方式可以让大学生在接受心理咨询时不受时间和场地的限制，提高了咨询的有效性。

（二）建立健全大学生网络心理健康档案

建立健全大学生网络心理档案，把握学生心理变化轨迹，建立动态监控体系，是高校有效开展网上心理健康教育的重要依据。

1. 建立健全大学生网络心理健康档案的要求

利用网络信息管理平台，构建大学生电子化心理健康档案，是高校完善心理健康教育体系的一环。档案的主要目的是能够了解大学生的人格发展情况，记录大学生心理状况和产生的变化。档案的建立需要以学生自主填写的信息为基础，并结合对心理健康课程的学习、日常生活反馈和参与心理咨询的情况进行逐步完善。初始的调查表格应该包含以下内容：一是让大学生填写一般的信息。其中包括大学生的基本个人信息、所属学院及专业的信息，学生的兴趣爱好、课余活动及与网络相关的信息等。二是填写学生的原生家庭情况，包括父母的职业、家庭收入、户籍所在地等。三是要让学生填写过往受教育过程，应着重于学生义务教育阶段、高中阶段的学习情况，学生在家庭教育中的情况等。四是要对学生的既往病史进行介绍，包括生理和心理两个方面的病史。五是在个人信息中附带心理测试的表格，让学生结合测试内容进行填写。六是要有高校中的学院和辅导员真写的对于学生的基本评定。

心理健康档案会涉及大学生个人信息中的隐私部分，其中包括家庭情况、病史等内容，因此对这些信息的保密工作则十分重要。高校要结合心理中心建立进行档案管理的专门机构，由专门人员来进行信息保存和分析工作。心理档案只有在用于学生的心理状况研究和提供心理辅导时才可以被使用，不得将其应用在学生毕业、择业等方面。学生也可以通过个人的网络账户对档案进行查阅。

2. 建立健全大学生网络心理健康档案的作用

大学生网络心理健康档案的建立，主要是在对学生进行心理健康教育和辅导、高校进行心理问题研究时产生作用。高校要利用档案提供的信息，让大学生的心理健康教育走向科学化的轨道，并且能够及时有效地对大学生可能出现的心理危机进行预防。一是心理工作人员应通过大学生心理档案信息的变化，了解大学生的动态，当一些大学生在心理健康水平上处于较大的波动时，应该主动地对其提供帮助。二是要利用档案构成心理信息的反馈机制，在高校的学生管理、心理健康教育方面能够做到有数据的支撑，要切实寻找大学生在生活和人格成长上的需求，发现网络环境下出现的新问题，从而有目的性地加以解决。三是海量的学生心理健康数据可以让高校开展大数据研究，加快心理学科在网络时代的发展。四是如果学生能够了解自己的心理档案，也有助于他们对自己进行健康管理，从而增强他们的自我认知能力，从个人角度防范自己可能出现的心理问题。

（三）开展网络心理咨询

网络心理咨询主要是针对希望求得帮助的大学生，这些希望求得帮助的大学生既可以是在身心诸多方面出现不适应的大学生，也可以是没有心理问题专为寻求发展性指导的大学生。对前者，网络心理咨询可以提供心理援助，以缓解咨询对象的心理紧张和冲突；对后者则可以给其提供专业的、有效的指导。网上心理咨询与其他形式的咨询方式相比，具有保密性、超距离性和方便快捷性等优势。网络心理咨询主要是通过电子邮件、在线聊天室和音视频等网络通信工具，给学生提供具有心理咨询与治疗性质的各种心理服务。目前通过网络开展心理咨询的方式主要有四种。

1. 电子邮件咨询

电子邮件是网络在发展过程中最为传统的信息通信方式，能够让人们开展一对一或一对多的沟通。在网络中，电子邮件的保密性较强，信息完整度较高。目前，电子邮件依然是网络中开展正规信息和较大文件传播的办法。高校中的心理咨询师应将部门或个人的电子邮件地址发布给学生，让学生能够利用邮件与咨询师进行交流。电子邮件与传统书信有着相似之处，也能进行附件的传送。如果学生不愿意同咨询师进行对话交流，且需要书写较多的文字信息，就可以采用这种方式寻求心理咨询。同时，如果学生想要透露一些隐秘的心理活动，电子邮件也具有很强的私密性和隐蔽性。因此，电子邮件十分适合那些性格内向、不善于社交、不敢与陌生人接触的学生。

2. 网络论坛、留言板咨询

网络中许多平台设置的论坛、留言板等功能板块，是一种公开化的信息交流板块，能够支持用户进行一些公开性的信息互动。在网络心理咨询过程中，高校应在专门的心理咨询网页开设这一板块，让学生就一些问题寻求帮助或发起讨论，这些讨论的信息就可以和其他的使用者共享。高校也应邀请心理专家、辅导员和咨询人员帮助学生回答问题，并结合某些共同关心的问题发布主题帖。网络论坛也可以采用匿名方式鼓励用户参与，可以让大学生用户使用一个虚拟网名来参与交流，这样即使信息是公开的，也可以让大学生的个人信息得到保护。高校在使用过程中，应注意为心理咨询开设专门的交流板块或专门论坛，避免学生在讨论时受到不相关信息的影响，也应避免学生在寻求帮助时遭到恶意点评。

3. 网上社群咨询

网络社交平台是当下网络中最为流行的一种形式，可以吸收海量的用户在社交平台中进行信息交流。目前，国内用户使用较广的主要是微信、QQ、微博、小红书等平台，许多大学生都拥有自己的社交账号，并利用账号来进行个人展示、事务交流、话题讨论等活动。各类便利的社交平台都可以支持高校心理咨询人员与大学生进行对话，可以进行同步的交流和沟通。这种咨询方式有两种形式：一是大学生与咨询人员进行一对一的交流，这样可以同门诊交流一样对学生提供具体的心理咨询。二是由咨询人员开设网络社群，能够让有心理咨询需求的大学生在同一平台下进行即时交流。如微信和 QQ 中的聊天群、微信公众号都可以产生团体咨询的作用。

4. 网络会议咨询

目前，网络已经发展成为人们生活中最为常用的信息交流渠道，网络不受时间、空间限制的特征和信息传播的效率，为人们带来了很多方便。同时，网络中身份的虚拟性也会给许多人带来安全感。因此，网络平台十分适合高校对大学生进行心理咨询。传统的心理咨询方式需要人们主动地去寻找心理咨询场所和人员，对于一些具有恐惧心理、抑郁心理的人员具有一定的阻碍。而通过网络平台，大学生对于心理咨询的恐惧感也会被打破，使其更愿意接受其他人的帮助。同时，网络中的多种媒介和交流形式，让心理咨询人员可以创新心理咨询方法，提高心理咨询的效率和质量。

（四）开展网络心理教育活动

1. 开设网络心理课堂

网络心理教育是高校心理健康课程体系的一部分，要求咨询人员和教师能够利用网络媒体工具，把握网络信息传播的特征，创造多样化的心理教学课程。网络心理课程能够体现学生的主体性和学习自主性，让学生针对自己的需求做出选择。通常，高校要以线下的心理课堂为必修或选修的课程内容；要用线上的多样化课堂当作学生课外学习和自主学习的内容。教师开设网络课堂过程中，可以采取以下办法：一是让学生以报名的方式参与某些集体课堂的学习，教师则定时在网络上进行视频直播教学。同时，结合直播教学的视频资料建立视频播放渠道，形成较为完整的网课体系。二是教师利用个人账号或公共账号，针对一些知识点和学生反映的心理问题，制作微课课件，让学生进行自主选择。三是高校可联络社会中的心理专家进行远程教学或离线教学课程录制，把其他学校和社会中的心理教学资源整合到本校的课程资源库中。

2. 召开心理健康主题班会

高校在面对大学生无法经常与父母交流的问题时，可以针对心理健康问题开展线上主题班会。主题班会可以借助一些支持视频、语音、文字交流的社交平台来进行。高校的辅导员和心理咨询人员应掌握学生与家长的通信方式。在举办班会之前，应设置会议的主要目标和话题，让学生和家长能够结合主题进行思考和讨论。在举办班会时，要由辅导员和心理咨询人员主持秩序，并针对一些知识性的问题进行解答，要组织参与者有序地开展讨论，避免讨论内容超出了主题范围。高校还可以借助班会的机会，让家长能够更深入地了解自己的孩子，并让家长和学生都认识到心理健康的重要意义。

3. 构建网络心理互助平台

网络平台能够实现用户与用户之间的互动交流，对于大学生开展心理互助具有重要作用。在高校的组织下，要利用高校自由的网络平台，让学生以社团、班级和互助组织的方式自行创建互助小组。通常，互助小组的成员应该是同样具有心理问题的学生，这样才能确保学生能够平等地开展对话。另外，网络中的论坛也可以产生学生互助的功能，可以支持学生以个人虚拟身份来寻求帮助，其他学生可以结合自己的经历为其提供帮助方法。高校应该对学生的互助活动提供指导，确保他们提供的方法是积极、科学的，要通过监督和引导避免一些恶意言行和不符合心理科学方法的错误建议。

4. 利用手机平台开展心理健康教育

在4G、5G通信网络的影响下，手机已经成为一种具有高度智能化和快速传播能力的网络终端。在大学生群体中，手机也是一种必不可少的通信工具，是让学校与学生、学生与学生之间保持联络的主要手段。智能手机和通信技术能够让大学生在手机上完成任何上网活动，包括网络学习、网络交际和网络娱乐等。因此，高校所进行的网络心理咨询也应抓住手机这个平台。手机中的通信比传统网络具有更短、更快、更小的特点，其中所传播的文字、视频等信息都应是短小精悍的。在手机平台上，一方面可以进行心理学的微课教学；另一方面利用手机的通信功能，让咨询人员能够与大学生开展一对一服务。

二、大学生网络心理健康教育的主要方法

（一）我国的心理学方法

"认知领悟疗法"是通过解释分析，使求治者改变认识，得到领悟，从而使症状得以减轻或消失，达到治病目的的一种心理治疗方法。该方法由我国心理治疗专家钟友彬先生于20世纪70年代末首创。我国在文化与生活习惯中，能够产

生与心理动力学相近的成长教育机制。一是儿童在成长的过程中，其家庭环境和其他所接触的环境，会在很大程度上影响其在成年后的心理健康状态。二是通过成年人的心理问题和人格特质，也能推断出其在童年时期的成长情况。同时，许多具有人格障碍的人群都是因为童年时期出现的创伤、打击等遗留下来的问题。认知领悟疗法就是结合弗洛伊德的精神分析方法，通过分析人的成长经历，再分析我国家庭的特征和社会成长环境，来对人们进行心理咨询和治疗的方法。

（二）西方主要心理学方法

1.人本主义的当事人中心疗法

这种治疗方法主要以人本主义为主要思想，注重个人的情感与人际关系，要让有心理问题的人群在良好的沟通、交际过程中得到治愈。目前，人们采用的主要方式包括：一是进行咨询师与个人的面对面治疗，治疗的手段主要是人际交往中所使用的技巧。二是进行交际社群性质的团体咨询。即让具有共同心理问题的人结成一个社群，通过定期举行对话交流活动来实现治疗目的。

2.认知疗法与认知行为疗法

认知心理学将人的认知水平当作人们开展各种行为的基础，当个人出现了认知问题后，就会在其心理素质上体现出来，表现为语言、行动等方面的异常。为此，认知心理学要在治疗心理疾病过程中，深入到人的认知结构层次，要采取正确的方法将人的认知错误进行矫正，这样才能达成治疗的效果。在心理学方面，认知疗法也不同于浅层次的对话和交流，而是需要采取心理学的技术手段来治疗。通常的治疗程序包括：一是心理咨询师需要分析来访者的情况，找到心理问题出现的根源，将其作为靶症状来处理。二是从认知的角度对于靶症状进行分析，主要是找到某一问题发生的根源。咨询师需要进行深入的对话，要让来访者能够针对靶症状来表达自己的看法、价值取向和认知等，以便让咨询师能够分析来访者的认知结构。三是咨询师治疗的重点要在对来访者进行认知重构上，既让来访者在自我认知、对社会认知方面存在的错误加以矫正，又要从根源上改变来访者的思维方式。

理性情绪疗法属于认知心理学中的行为疗法。其方法是在美国20世纪中期的心理学中应用广泛的治疗方法。这种方法的优势在于能够将认知心理与人们的行为结合起来进行治疗。其依据在于，个人在出现认知心理问题后，其在情绪控制和行为上也会出现异常，从而产生了情绪失控、歇斯底里等问题。在治疗过程中，咨询师需要帮助来访者理顺在认知上形成的某些信念，将一些错误的观念加以纠正，帮助他们建立理性认知，在这个过程中，让来访者对个人的情绪表达和行为进行控制。

理性情绪疗法的治疗程序包括以下几个方面：一是要从来访者的外部情绪和行为中抓住他们在思想信念方面存在的问题，从而把握认知领域的症结。二是咨询师要通过询问、质问、劝导等方法指出来访者在认知上的错误，同时分析出认知与情绪、心态之间的关联，给来访者指出解决根本问题的途径。这样，来访者就能够从思想层面认识到自己因何出现了情绪和行为上的问题。三是咨询师也可以采用讨论等方法，与来访者针对其存在的认知问题开展讨论，通过这种对话，能够让来访者逐渐否定自己形成的错误认知和思想信念，从而打下重建认知体系的基础。四是如果来访者已经对一些错误认知产生了识别能力，并决心去改正这些问题，那么咨询师就需要让正确、科学、理性的观念等取代原有的错误。要让来访者能够对咨询师产生信任感，愿意听取咨询师提供的一些意见。五是咨询师要留给来访者进行自我认知矫正的方式。如按照咨询师的要求，与亲人重新建立亲情关系；在生活中有意识地控制自己的情绪；采用健康的方式来释放情绪等。这些方法需要来访者能够在日常生活中主动去完成，并接受咨询师的考察监督。

（三）思想政治教育中有关的心理调适与修养方法

1.疏导方法

疏导方法主要是高校通过为大学生创造交流、观点表达和提问题的平台，对大学生在思想、心理、情绪上进行疏导。疏导对于大学生来说，具有发泄心理上的压力、表达个人观点和进行思想交流的作用。高校可以围绕疏导的过程，对大学生进行思想、认识和心理上的指导。疏导也并不是要否定大学生认识上的不足，而是要纠正其在个人认知、社会认知上的偏差之处，并且要通过观点的表达，对学生的创造性思维予以鼓励。因此，教师在应用疏导方法的过程中，要坚持平等、民主的原则，对大学生的人格产生尊重。对于大学生心理上出现的问题，要用心理咨询的方法予以辅导；对于大学生在思想认识上的不足，要通过思想政治工作中的说服教育、批评与自我批评方式来给予指导。另外，教师对大学生的疏导要实现多种方法的应用，将高校的教学工作、人际关系、校园文化和对学生的管理统一起来。

疏导方法在高校的心理咨询中是一种常见的方法，有利于帮助大学生解决一些常见的心理不平衡问题。疏导方法还包括具体的措施，如，通过情绪宣泄的方法让大学生将一些眼前的压力和不良情绪宣泄出来，及时地让大学生调节自己的状态；通过加强与大学生的对话，及时了解他们的想法，使大学生形成的观念、想法等有可以沟通的渠道。疏导方法不仅可以由专业心理咨询师使用，也可以在教师、组织、辅导员群体中使用，在学生管理和教学工作上能够起到很大的作用。

2. 思想修养方法

思想修养方法是围绕高校的思政教育促进大学生心理健康发展的一种方法。这种方法通常具有两个途径，一种途径是高校通过思政教育体系让大学生树立正确的世界观、人生观和价值观，全面提高个人素养，养成良好的道德品质。这些思想、道德层面的素养能在很大程度上帮助学生构建认知体系，巩固心理健康的基础。另一种途径是让大学生通过自我教育来提高个人思想认识水平。自我教育的途径在大学生心理健康方面会产生更大的作用，可以让大学生通过自我学习、自我管理，能够保持健康的生活习惯，从而可以抵御外界环境对心理产生的不利影响。

大学生所进行的自我思想修养教育通常会围绕自己的实际需求来进行，其内容涉及知识水平、人文素养、道德修养和政治素养等方面。自我思想修养教育的方法有以下几种：一是经常开展自我反思。反思是大学生对于自己已经发生的言行和内心活动做出的评价行为。需要大学生能够对照自己产生的一些思想认识与言行，同社会群体所认可的思想言行作出分析，并通过自己的言行对于他人的影响做出评价。可以帮助大学生找到自己的不足之处。另外，通过反思，大学生也能自我寻找问题出现的根源，从而有意识地去改变这些问题。二是要积极地向他人学习。大学生要通过各方面人员的交际活动，能够识别出自己可以学习的地方。通过对他人优点的应用来弥补自己在认知和社会经验上的不足。三是大学生要进行自我认知的改造。改造的过程主要是大学生在发现了自身的问题后，对自己进行批评与否定，主动地去接受正确认知的过程。

（四）积极心理学的方法

网络自我调节的方法主要有宣泄、升华、脱敏、奖惩和认知等。

（1）宣泄。宣泄的方法主要是人们对于内心和情绪上出现的压力、痛苦因素进行发泄、疏导的方式。宣泄的手段主要是与他人进行语言上的交流，让自己能够通过语言表达进行宣泄，其他的方法包括娱乐、运动、旅游、独处等方式。大学生在学习过程中，随时会面临学业压力、就业压力、家庭关系和人际关系压力，也会面对许多事情失败后的挫折，这时往往会在心理上出现痛苦的状态。为了不让这些痛苦演化成为心理健康问题，就应该进行适当的宣泄。大学生宣泄的方式主要包括：与同学之中关系亲近的人进行语言宣泄；寻求可信任的教师、咨询师的帮助；通过上网与陌生人进行宣泄等。网络是很多大学生进行宣泄的途径，他们可以通过网络聊天、观点表达和网上娱乐活动等进行宣泄。但要注意防止出现网络成瘾问题或是在网络中应用了有害的宣泄方法。

（2）升华。升华也可以称作心理问题的替代方法，即通过转移目标、替代情感等方式让原有的问题得以消解。通常来说，当大学生在某些事情上遭遇失败而产生心理的痛苦时，可以通过树立一个可以完成的新目标让自己得到升华。新的目标完成可以让自我效能重新得到恢复，那么过去产生的失败经历就不会产生更严重的影响。另外，当大学生出现了消极的心理状态时，可以通过让自己在思想、道德、素养方面的提升，使自己重新得到积极的心理动力。

（3）脱敏。脱敏只是要让大学生直面自己在内心上的恐惧，并且要战胜这种恐惧，以达到脱敏的效果。例如，当大学生由于一些害怕的人和事物而产生恐惧时，可以在其他人的帮助下，对于恐惧的根源加以分析，当大学生产生更深的理解力时，就会产生战胜心理恐惧的力量。

（4）奖惩。奖惩的方法需要人们能够将奖励和惩罚结合起来使用，以便让自己能够在奖惩的引导下，走向正确的方向。例如，如果一名大学生产生了初步的网络成瘾现象，要想消除网络对于自己的影响，合理控制上网时间，就可以在其他人的监督下，对自己上网的行为做出某种惩罚，如惩罚自己强制去参加体育锻炼等。

（5）认知。认知是许多人心理是否健康的基础性因素，许多心理问题都来自于个人自我认知和其他认知产生的偏差。其中自我认知的错误往往会造成人格障碍问题。大学生要有能力通过学习和实践来提高认知水平，让自我认知不断得到完善。在这个过程中，大学生要能够找出自己身上的认知错误，并寻求正确的认知来完成认知重构。

三、高校心理健康教育的网络化创新

（一）培养新型心理健康教育工作者

高校的心理健康教育工作者包含教师、辅导员、心理咨询师和思政工作者等许多成员，他们都有为大学生心理健康成长而服务的职责。在网络环境下，心理健康教育工作者也应转变思想、顺应时代、掌握网络工具，完成角色的转变。

首先，要在教育理念上实现创新。在面对大学生心理健康的问题时，教育工作者必须转变过去以教导为主的思想，而是按照心理学的规律来进行辅导和疏导的工作。要减少对大学生的德育教化，而是关注大学生的日常生活与内心创伤，在心理认知层面对大学生进行矫正。要重视网络条件下的心理健康教育方法，关注新问题和新技术。

其次，坚持以学生为主体，减少教师、管理群体的权威性。过去的教育和学生管理都是以教育工作者为权威，采取自上而下的管理来完成教育任务。但在心理教育工作中，教育工作者的权威必须有所舍弃，要由权威性转为学生对于心理工作者的信任。因此，心理教育工作者应该以个人的魅力来树立其在学生心中的信任感，而不是通过地位和制度等来树立某种权威。学生的信任是心理健康教育能够顺利进行的关键，需要教育工作者能够以学生为中心进行服务，能够对学生不健康的心理状态产生包容，继而用心理教育的方式对学生做出引导。在网络环境下成长的新一代大学生个性更加独特、自我意识更加强烈，具有很明显的独立人格，会在思想和言行上对社会上的权威发起挑战。因而，教育工作者的权威性和信任感应该从与大学生建立关系的基础上形成，能够使自己的人格魅力形成感召力。

最后，以教师和学生的平等地位为基础，开展心理教育。在心理健康教育中，教育工作者要始终能够与学生建立平等的地位。这种平等地位体现在教育工作者要对学生产生尊重，在对话交流过程中保持平等和互动，在人格上完全处于人与人之间的平等关系，不因身份、年龄和社会阅历等因素而产生差异。心理健康教育和心理咨询是以平等对话为基础的，只有实现师生平等，才能让学生愿意因心理问题而与教育工作者开展沟通。如果师生间的平等对话关系无法建立，那么大学生就会选择在教育工作者面前隐藏自己的内心，转而通过网络等方式来寻求心理的慰藉和宣泄，这种情况很容易造成更多的心理健康问题。

（二）丰富网络心理健康教育内容

1. 网络法律法规教育

网络法律法规教育是高校指导大学生绿色上网、形成正确网络观的重要部分。高校教育工作者在指导大学生使用网络过程中，应承担起开展网络法律法规教育的职责。一是要通过专题教育活动，着重传播国家关于网络发展制定的法律法规内容。二是要进行网络安全、信息安全教育，让大学生能够在网络中提高警惕性，能够防范网络中的违法犯罪行为。其中包括防范网络诈骗、网络赌博、网络非法借贷，对网络营销提高分辨能力，避免陷入消费陷阱，重视个人的信息安全，不要过度暴露个人隐私，在提交个人信息时要谨慎等。三是要让大学生避免出现网络言行失范行为，让大学生能够遵守个人道德底线、社会公德，在网络中能够保持言行一致。

高校在网络法律法规教育中，要以宣传为主，课堂教学为辅，应借助各类校园活动来提高宣传效果。一方面要在学生自主组织学生活动的平台上，让学生会、社团联合会和各类学生社团开展网络法律法规教育的主题宣传。通过让大学生积极参与，能够提高自觉性和自律性，从学生的个人管理角度出发，让大学生能够形成对法律法规的认识。另一方面，要按照相关法律规定，对于校园网和大学生上网情况进行监管。通过校园防火墙建设，主动拦截来自网络中的违法信息；要为大学生的上网活动制定相关的公德和行为规范。

2. 优秀传统文化教育

中华优秀传统文化博大精深，它体现在哲学、教育、文化、科学等各个领域，只有将优秀传统文化和心理健康教育相结合，才适宜中国大学生的发展现状，才能发挥心理健康教育的民族功效。

（1）道德修养教育

中国传统文化强调个人的道德修养与人格完善，是一个人修身立命之本。中华优秀传统文化中有"仁者爱人"的博爱之心，有"己所不欲，勿施于人"的尊重之心。道德判断的能力取决于一个人的认知水平，它是衡量思想道德修养的重要因素，所以道德认知是道德行为的前提。

（2）学习观教育

大学生在校园生活中的主要任务是学习，需要他们能够将大部分的时间、精力都用在学习上，大学生参与的上网和各类课外活动也应该以学习为根本目的。网络心理健康教育应该从心理建设上为学生树立正确的学习观，一方面是让大学生的心理素质得到发展，使其能够积极应对学习中的压力和挑战；另一方面要让大学生在思想上正确看待学习，积极利用各类学习条件，养成能够终身学习、自主学习的能力。我国的传统文化中具有很丰富的学习观，如战国时期的思想家荀子就创作了《劝学》名篇，指导世人如何看待学习和如何进行学习。古代的思想家、教育家无不在学习观上形成了优秀的思想成果，如儒家提倡的"不耻下问""敏而好学"等语句；古代文人写出的"少壮不努力，老大徒伤悲""纸上得来终觉浅，绝知此事要躬行"等诗篇，都在倡导人们要不断学习并且掌握正确的学习方法。

3. 理想信念教育

高校对大学生开展理想信念教育是落实"立德树人"思想的关键所在，也是高校思想政治教育、学科专业教育、心理健康教育当中一项重要内容。大学生也要对于自己树立未来发展的理想和信念高度重视，具备较好的认知基础。但理想信念教育也不能只关注远大的目标，而是要具体落实到大学生的个人发展方面，要确保大学生能够适应社会，在社会环境中体现自己的价值，使大学生的人生理想能够贴近现实。

首先，理想信念教育应将大学生的实际需求和自我发展目标结合起来。从心理学的角度来看，理想信念都需要从个人身上得到体现，使个人的自我效能得以发挥，这样才能产生个人为理想而努力的推动力。高校要培养能够建设社会事业的优秀人才，就必然需要让大学生在毕业之后，能够在个人的职业生涯发展中创造价值，使大学生能够在就业、创业和创造性的劳动中体现自己的价值。为此，高校应该在育人过程中，帮助大学生深入了解社会，适应社会，把握社会进步的主要方向，将大学生人生发展需求与现实社会需求密切结合起来，并能够围绕个人需求提供具有可行性的指导。

其次，个人理想和近期目标相结合。每个人的理想都是多样的，因此不仅要谈远大理想，也要谈近期理想。让远大的理想成为近期目标得以实现的导航器，让近期目标的实现成为向远大理想接近的路基。鼓励大学生志存高远，将个人的理想与国家的发展相联系，求真务实，从自身实际出发，从小事做起，认真扎实地在平凡中做出不平凡的事迹。[1]

---

① 赵琳.互联网视域下高校心理健康教育模式发展研究 [M].重庆：重庆大学出版社，2019.

参考文献

[1]王清，王平，徐爱兵.大学生心理健康教育[M].苏州：苏州大学出版社，2022.

[2]余晖，周俊.新时代大学生心理问题及调适研究[M].北京：北京燕山出版社，2023.

[3]唐琳.网络环境下大学生心理健康教育研究[M].成都：西南交通大学出版社，2018.

[4]严敏，熊星.大学生心理健康教育[M].青岛：中国海洋大学出版社，2019.

[5]向红.大学生心理健康教育与发展研究[M].北京：北京工业大学出版社，2023.

[6]张萍.大学生心理健康教育[M].重庆：重庆大学出版社，2022.

[7]付漪川.大学生心理危机与健康教育研究[M].北京：北京工业大学出版社，2021.

[8]王珲.大学生心理健康教育[M].北京：北京理工大学出版社，2022.

[9]赵琳.互联网视域下高校心理健康教育模式发展研究[M].重庆：重庆大学出版社，2019.

[10]路风华.互联网+背景下大学生心理健康教育模式的重塑与构建[M].长春：吉林科学技术出版社，2020.

[11]赵友春，陈爽，王剑等.心理健康与自我成长[M].济南：山东人民出版社，2021.

[12]兰亦青.网络时代大学生人际交往问题研究[M].北京：国家行政学院出版社，2017.

[13]唐淑香."互联网+"时代高校图书馆学科服务研究[M].西安：西安交通大学出版社，2018.

[14]栋梁.新时代高校网络育人研究[M].长春：吉林大学出版社，2023.

[15]鲍荣娟，常雪，吴迪.高校德育工作创新实践研究[M].长春：吉林出版集团股份有限公司，2021.

[16]杨逍，林怡冰.高校学生管理工作的行与思[M].天津：天津科学技术出版社，2022.

[17]张海涛.大学生身心健康理论与实务（含微课）[M].镇江：江苏大学出版社，2018.

[18]刘媚，刘岳.大学生心理健康教育[M].成都：电子科技大学出版社，2020.

[19]徐鸿，潘复超.新编大学生心理健康教育[M].武汉：华中科技大学出版社，2021.

[20]徐亮，廖传景.大学生心理健康教育课程教学效果的影响因素——基于扎根理论的探索[J].内蒙古财经大学学报，2024，22（1）：67-71.

[21]阮筠.基于自我关怀视域的大学生心理健康教育实践教学研究[J].现代职业教育，2024（3）：25-28.

[22]何婕妤，高树平.课程思政下高职院校大学生心理健康教育工作研究[J].湖北开放职业学院学报，2024，37（1）：115-117.

[23]冯小景，李贵仁，韩美超.论"互联网+"环境下大学生心理健康教育[J].山西青年，2023（24）：190-192.

[24]李倩会."互联网+"背景下大学生心理健康教育工作探析[J].中国新通信，2023，25（24）：116-118.

[25]胡庆芳.网络环境下高校大学生心理健康教育与危机干预模式探析[J].武汉冶金管理干部学院学报，2023，33（4）：47-51.

[26]李婷.基于"互联网+教育"视角下的大学生心理健康发展路径探析[J].中国新通信，2023，25（24）：119-121.

[27]冉龙彪，陈义，杨满云.大数据视域下大学生心理健康教育实践研究[J].学术与实践，2023（1）：106-111.

[28]代超群.积极心理学视角下高校大学生心理健康教育创新策略研究[J].中国多媒体与网络教学学报（上旬刊），2023（12）：57-60.

[29]刘潇.互联网对当代大学生心理健康的影响及应对策略[J].国际公关，2023（21）：167-169.

[30]陈文娟."大学生心理健康教育"课程线上线下混合式教学应用研究——基于互联网短视频模式[J].品位·经典，2023（20）：155-157.

[31]易佳，黄莉，朱华.文化自信视域下大学生心理健康教育实践路径探索[J].国家通用语言文字教学与研究，2023（10）：52-54.

[32]罗晓帅.高校辅导员开展大学生心理健康教育路径探析[J].长治学院学报，2023，40（5）：86-90.

[33]居思霁.后疫情时代武汉大学生网络心理健康教育策略研究[D].武汉：武汉科技大学，2023.

[34]倪翠萍.运动干预对大学生心理健康影响的实证研究[D].南昌：华东交通大学，2023.

[35]王美予.新时代大学生思想政治教育中的心理疏导应用研究[D].长春：长春工业大学，2023.

[36]梁小玲.大学生心理健康教育获得感研究[D].南昌：南昌大学，2023.

[37]孙婉婷.大学生学习适应性、心理求助延宕与心理健康水平的关系研究[D].哈尔滨：黑龙江大学，2023.

[38]于越.大学生社会性发展、社会支持与心理健康的关系[D].哈尔滨：黑龙江大学，2023.

[39]花蕊.时代新人视域下大学生健康人格培育路径研究[D].杭州：浙江理工大学，2023.

[40]丁娜.高校心理育人现状及优化对策研究[D].武汉：华中师范大学，2023.

[41]蔡宜赢.基于劝导式设计的在校大学生心理健康管理APP设计研究[D].东华大学，2023.